시집에서 詩가 흐르면

시집에

흐르

시집에서 時가 흐르면

김호준 시집

차례

시인의 말

6

1부   시집에서 詩가 흐르면

9

2부   무례한 속삭임

33

3부   블랙박스

87

4부   청소년 하나

115

5부   백석 시를 다 읽지 못하고

145

시인의 비망록

176

시인의 말

고생에 대한 보답

 누군가 '너는 어떤 사람이냐'고 물으면 이런 대답이 나올 것이다. 무모한 사람이라는. 그렇다. 나는 뭔가 하고 싶으면 말부터 했다. 말을 먼저 뱉었기에 어쨌든 몸과 마음이 고생을 했다. 시 역시 그런 성격대로 썼다. 어느 날 국어 교과서에 나온 두보의 시 '강촌'을 읽으면서부터였을 것이다. 나는 두보의 그 시 속으로 뛰어 들어가, 뗏목 뚝딱 만들어 강에 띄우고, 흐르는 물살에 내 몸을 맡기고 싶었다. 그로인해 무작정, 가슴을 저미는 일들과 떨쳐버릴 수 없는 기억들을 붙들어 그대로 시에 담기 시작했다. 그러자 내가 쓴 시에는 수많은 내가 고스란히 드러났다. 겁쟁이, 이중인격, 공황장애, 폭력성, 무관심, 외로움, 자상함, 정의, 비겁, 호색, 순정,

구도 그리고 모범 교사, 나쁜 교사, 좋은 남편, 나쁜 남편, 좋은 아빠, 나쁜 아빠, 좋은 아들, 나쁜 아들…… 나는 알고 있다. 이 시집은 나의 무모함을 증명하는 알리바이라는 걸. 그로인해 나의 몸과 마음이 고생을 한 대가라는 걸. 내 삶에 대한 보답이기에 그래도 당당할 필요가 있다는 걸.

  이 책은 이평재 작가님께 무작정 손을 내밀면서 엮게 되었다. 지난겨울, 느닷없이 심장에 이상이 생겨 사경을 헤맨 뒤 퇴원을 하면서, 무엇 때문인지는 몰라도 가장 먼저 했던 생각이 지금까지 써온 시를 모두 묶어 시집을 내야겠다는 거였다. 우연히 맺어진 인연을 가연으로 화답해 준 이평재 작가님의 호의가 그저 고마울 따름이다.

-김호준

1부
시집에서 詩가 흐르면

시집에서 詩가 흐르면 11 | 독수리 12 | 최후의 호흡 14 |
이별 뒤의 긴 호흡 15 | 해부대 위의 사자 18 |
비 오는 날 19 | 길 20 | 바위 22 | 길에게 묻는다 23 |
밥만 남아 24 | 베란다 시시포스 25 | 톰슨가젤 26 |
붉은 울음 28 | 늙은 공부(工夫) 30

시집에서 詩가 흐르면

벚꽃 피면
작천정 벚꽃길에 파묻혀
입가에 꽃잎 묻혀가며 막걸리를 마신다

말매미 울어 잠 깨우면
시집 펼쳐 들고 가슴에 물여울을 만들어 발을 적신다

은행잎 노랗게 물들면
가던 길 멈춰
제일 좋은 놈으로 다섯 장 줍는다

눈 내리면
다시 아이 되어
집 밖으로 달려 나가 눈꽃을 이고 달린다

독수리

독수리를 닮은 산 아래
독수리를 닮은 사람들의
환한 미소
당신이
가진 것 없이
베풀어주는 그들을 보았다면

누군가
당신을
안식처에서 내쫓고
절정을 향해 달려라
강요하거들랑

당신은
소환하기 쉬운 두려움, 분노, 슬픔 따위를
내던지고
독수리를 닮은 산 아래

독수리를 닮은 사람들의 환한 미소를
향해

급류를 거스르고
절벽을 기어오르고
험한 길 지나
혼자서 여럿이 된
독수리를 닮은 사람들이
짓는 환한 미소 속으로 가야 한다

최후의 호흡

제법 오래전
연기한 적이 있었어

겁 나서
미련 남아서
아쉬워서

그건
아니었어

언젠가
제대로 찾아오거든
마중 나가려 했었다

이별 뒤의 긴 호흡

1

어디서도 배운 적 없었어

집에서
학교에서도

누구도 가르쳐주지 않았어

아버지
어머니
친구
선생님도

잘하기 위해서
이기기 위해서
애태운 적 없었어

2

네가 먼저 왔는지
내가 먼저 왔는지
알 수 없어

나는 그러니까,
군에서 탈영을 생각하면서
너와 이별을 생각한 적 있었어
취업 원서 낸 뒤
면접 보러 오라는 연락이 없어
너와 이별을 생각한 적 있었어
부끄럽지만
그 뒤에도 여러 번
너와 이별을 생각했어

네가 먼저 사라질지

내가 먼저 사라질지
그것도 알 수 없어

지금은
내가 너인지
네가 나인지

해부대 위의 사자

불 끄고 침대에 누우면
가끔
아프리카 탄자니아 세렝게티 평원으로
달려가
세렝게티 평원 수풀을 헤매다가
배를 깔고 물소를 노리는
사자 목덜미를 낚아채
해부대에 올리고 四肢를 묶었다
사자가 물었다
"내가, 뭘 잘못했는데?"
"너는, 하이에나의 턱에 매달린,
누의 살점을 물고 달아났잖아."

비 오는 날

쏟아지는 빗소리 들으며
떠나간 여인의 이름을
애써
잊으려 했는데……

죄없이 흐트러진
머리칼에
죄를 씌워
여인의 손길이
흐르고
가위소리
고요한 그곳으로
찾아가
형을 집행했다

길

잊으리
종량제 봉투에 묻은
생선 비린내 핥는
길고양이는

가끔
기억하리

낙타 타고
별과 달만 지켜보는
사막
가로질렀던 고행자를
말 등에 올라
기다리는 이 없는
초원 끝으로
달려갔던 전사를

그 길로

바위

안개만
안개만
그전에도 안개 속
아직도 안개 속
그만 주저앉아 버릴까
한 걸음만 더 걸을까

그때
앞을 막고 선 바위
오랜 방황을
끝내길 기다렸던
안개 속 걷는
사람 모두
불러 모아 보여 주고픈

길에게 묻는다

너에게 묻는다
너의 길을 닦아 준 자 누구더냐?
너의 어미도, 아비도 아니었다

너는, 너로 던져졌을 뿐

너에게 묻는다
너를 길러 준 자 누구더냐?
너의 어미도, 아비도 아니었다

너는, 너로 자랐을 뿐

너에게 묻는다
너는 누구랑 길을 걸었더란 말이냐?
너의 어미도, 아비도 아니었다

너는, 너로 걸었을 뿐

밥만 남아

제대로 말을 하고 있는가?
책은 넘쳐나고 작가는 잡초처럼 생겨나는데
제대로 살고 있기는 한가?
다이어트도 산업이 된 시대
제대로 공부하기는 했는가?
인터넷 강의까지 일 년 365일 선을 타고 흐르는데
제대로 교회는 다니고 있기는 한가?
방방곡곡 십자가 빨간 불빛은 불을 밝히는데
제대로 절은 다니고 있기는 한가?
팔목에 단주를 차고 다니는 사람들은 많은데
제대로 성당은 다니고 있기는 한가?
교황님 뵈러 전세 버스에 오른 이는 넘쳐나는데
어쨌든
밥을 향해
주먹을 쥐고 하루를 걷는다

베란다 시시포스

비둘기는
올봄에도
바윗돌을 굴렸다

에어컨 실외기 다리 밑에
비둘기는
나뭇가지, 노끈, 개털, 고양이 털, 비닐 따위
물어다 놓고

집주인은 출근하기 전
빗자루 쓰레받기 들고
베란다 창문 열어
비둘기가 굴리는 바윗돌을 쓸어 담았다

톰슨가젤

아프리카 탄자니아 세렝게티 평원
톰슨가젤 풀 뜯고
수풀에 갈기 감추고
뱃가죽 땅에 붙이고
튀어 오를 준비 끝낸
암사자의 눈
톰슨가젤 풀 찾다 그만
암사자 곁으로 와 버렸고
암사자 반대쪽 초원으로 내달리고
암사자 달리는데
흙먼지 뿌옇게 일어나고
발톱에 파인 풀뿌리 날아오르고
어느새
톰슨가젤 엉덩이 뒤로
바짝 따라붙은 암사자
앞발로 가젤 뒷다리 후리자
가젤 비틀거리다 쓰러져 버리고

암사자 톰슨가젤 목덜미 물고
톰슨가젤은 등 땅에 대고
허공에 다리 올려 바동거리고

직장 초년병 시절
나는
암사자의
뜨거운 발톱을 두려워하며
일터로 가야 하는
톰슨가젤

붉은 울음

소매물도 옆

배도

사람도 닿지

못하는 섬

바람은 절벽 더 예리하게 갈아

절벽은 시퍼렇게 번득이며

배와 사람 물리치고

동백만 품어

겨울이 끝날 때

동백은 붉게 피어

소금 바람 타고

날아왔다고

독기 품어 바위틈 벌려 가며

뿌리 내렸다고

큰바람 맞아

더러 부러지기도 했으나

하늘 끝에서

내려온

살얼음 냉대에

몸 떨면서

붉은 울음 만들었다고

늙은 공부(工夫)

달 둘레에 희미한 테 두른 밤
남부시장 포장마차촌에서
늙은 공부(工夫)는 다리 꼬고
왼 팔꿈치 술판에 괴고 왼손으로 턱 받치고
오른손으로 담배 입으로 가져가 쭉 빨고
담배 바닥으로 던지고 다리 풀고 발로 비비고
희끗희끗한 머리카락 오른손으로 쑥 훑고
소주잔 잡고 목 뒤로 꺾는데
손톱 밑, 지문, 손금까지 묵은 기름때가 끼어
반 정도 남은 소주병이 보이고
종지에 단무지 아홉 조각 반
젓가락 보이지 않아
기름때 묻은 천 원짜리 몇 개 빈 병 아래 깔려 있고
파마한 흰머리가 보이는 포장마차 여주인
피곤한지 하품하면서
늙은 공부(工夫) 앞에 있는 남은 소주병 쓱
여주인은 옆 포장마차 주인이 뒷정리하는걸

무심히 바라보며
스마트폰 터치하고

양산시 남부시장 포장마차촌 하늘 위로
임영웅이 부르는 '60대 노부부의 이야기'가 흐르기 시작했다

2부 무례한 속삭임

어떤 연주자들 35 | 꼽추 아들 36 | 하느님 36 |

1932년생 39 | 다음 기회 40 | 이복순 씨 42 |

작은 전등 44 | 519호 46 | 딸의 소풍 47 | 모범사원 50 |

1951년 1월 52 | 모란이 떨어진 날 54 | 영축산 56 | 돈 60 |

스무 살, 비 온 뒤 벚꽃 떨어지던 날 62 | 바퀴벌레 64 |

일 기다리는 청년 66 | 다대포 모래알 70 |

의류 수거함 근처에서 73 | 언(言) 74 |

남강에 뗏목 띄우고 75 | 주인이 너무 많아 78 |

무례한 속삭임 80 | 남으로 가지 뻗은 왕벚나무 82 |

어떤 연주자들

그들만의 악보를 보면서
기타를 치고 북을 두드리는 사람들이 보였다

선을 오가는 손가락
북채 잡은 손마디에 굳은살이 보이지 않았다

서툰 연주에 몸을 맡긴 자 몇은
눈물을 허공으로 쏟고 있었다

꼽추 아들

친구는
어미 제비
파리, 잠자리 물고
날아드는 것 외에
찾는 이 없는 집에서 등 굽은 아비와 살았다

아비는 시외버스 주차장과 장터를 오가며
손수레로 짐을 날라주면서 먹고 살았는데
주차장 이 층 도라지 다방 오르는 사내들과
명태 대가리를 쳐대던 장터 아낙들은
친구의 아비를 곱사등이라 불렀다

어릴 적 친구는 부뚜막 귀퉁이에 앉아
피리 불기 연습을 하면서
등 굽은 아비 기다렸다

중학교 2학년 때
친구는 기타 치는 흉내를 내면서
아비 등은 장터에 가면 곧게 펴진다고 믿었고
친구는 기타를 내려놓은 뒤
지붕이 낮아 아비 등은 굽은 거라고 했다

군주(軍酒) 마실 때
친구는 막걸릿잔을 말리며
손수레 끌고 간 아비가 오지 않은 밤
누렁이 울고 달이 따라 울었다 했다

하느님

하느님은 혼자
하느님 찾는 사람 너무 많아

갓난아이 버린 어미 아비
아내 때려죽인 사내놈
남편 밥에 독 넣은 여편네
아비 어미 때려죽인 아들놈
좋아라 쫓아다니던 여자를 죽인 놈

하느님은 혼자
하느님 찾는 사람 너무 많은데
하느님은 알바를 쓸 수도 없고

1932년生

큰딸
불은 젖을 물렸고
둘째 딸
불은 젖을 물렸고
큰아들
불은 젖을 물렸고
셋째 딸
불은 젖을 물렸고
둘째 아들
불은 젖을 물렸고

벚꽃 터지던 날
1932년 生의 남편은
전원주택을 좋아했던지
들판에 집 한 채
짓고 거기로

다음 기회

40대 중반 가장
소파 팔걸이에 머리 대고
등받이에 다리 올리고 누워 있어도
휴대 전화는 손에서 놓지 않았다

딸 둘은 방바닥에 모로 누워 팔베개하고
BTS 뮤직비디오 보고 있었다

메시지 알림음이 울렸고
40대 중반의 가장은
소파에서 일어나
문자 메시지를 읽었다

우리 회사에 지원해 주셔서 감사합니다.
다음 기회에…

40대 중반 가장
문자 메시지를 다시 보는데
딸 둘
BTS 뮤직비디오를 보면서
내일 가을 소풍을 간다고
흥얼거렸다

이복순 씨

주차 단속요원

이복순 씨

지리산 골짜기

한 학년 한 학급짜리

초등학교 졸업

이복순 씨는

초등학교 적

공부 일 등 여러 번

이복순 씨 아버지는

이만복 씨

논물 대면서

멱살잡이한 적 없었고

나라서 퇴비 만들라 하면

찔레 가시 찔려가면서

풀 베 거름 만들고

통일벼 심어라 하면

뿌리내린 일반벼 쑥 뽑아버리고

아들 셋 나이 차면

군대 잘 보냈고

그래서일까

이복순 씨 서울로 시집가던 날

동네 아낙들 이기 다 이만복 씨 공덕이라

이복순 씨는 지리산 사람

신랑은 서울 사람

이복순 씨는

아들 하나 낳고

미쳤는데

서울 신랑

아들 둘 둔 유부남

작은 전등

아내가 친구들과 여행을 떠난 뒤
거실 등은 빛났지만 어두웠고
거실 등은 빛났지만 어두웠고
아내와 살면서 생긴
내 안의 작은 전등불이 꺼졌던 것

봄날 아침
큰 수술 앞둔 아내와
식탁에 마주 앉아 밥 먹고
같이 현관을 나와
주차장에서 헤어졌는데
아내는 아내 차로
양산 부산대학병원으로
나는 내 차로 일터로 가려다
차에 오르는 아내의 작은 등
한참 바라보며
고개 한 번 들고 숨 한 번 내쉬고

아내 작은 등 쳐다보는데

아내와 살면서 생긴
내 안의 작은 전등불이 가물거렸다

519호

519호
산부인과 병실

여인들 원피스 환자복 입고
불은 젖가슴을 문지르며
허리를 뒤로 빼고 팔을 천천히 흔들며
수유실을 찾아
아기 입에 젖을 물렸다

담당 의사 회진이 끝나면
청년의 늙은 어미
한 손에 맨밥 담은 도시락 들고
허리를 뒤로 빼고 팔을 천천히 흔들며
519호를 찾아
아기가 된 청년 입에 밥을 떠먹였다

딸의 소풍

딸은
소풍을 머리에 얹고 와
오후 내내 나를 기다리고
내가 현관에서 구두 벗을 때
수첩 펼쳐 들고 내 눈앞에 펴 보이는데

담임 선생님 전달 사항
날씨가 더워, 더워, 이온음료 꼭 준비할 것!

딸 손 잡고 마트로 가
바나나, 초콜릿 우유, 초코칩 쿠키, 고래밥, 게토레이
카트에 싣고 나오는데 딸이 묻는다
"아빠, 이온음료는 안 샀나?"
"샀다."
"없다이가."
"게토레이 샀다이가."
"그건, 이온음료 아이다."

"이옹음료는 뭐꼬?"
"유림이가 이옹음료는 포카리스웨트라 카더라."
"맞다. 니 말이."

   딸은 집에 와 배낭에
   바나나, 초콜릿 우유, 초코칩 쿠키, 고래밥, 포카리스웨트 넣고
   배낭 옆에 누워서
"내일이 빨리 왔으면 좋겠다."
"내일이 엄청 빨리 왔으면 좋겠다."

   딸이 내일 날씨를 보자 했다
   텔레비전을 켜는데
   화면 오른쪽 위 끝
   [속보]
   깜빡깜빡
   화면 하단

누군가 내일 동해로 미사일을 쏜다는 문장이 흘러갔다

모범사원

그는 업혀 다녔다
그의 어미는 그를 업다가
허리 디스크 판이 달아나 버렸고
그의 아비는 그를 업다가
영혼이 질식해 버렸고

그러나
그는
산도 곧잘 올랐고
자갈밭도 잘 달렸다 했다

그는 업혀 다녔다.
그의 선생은 그를 업다가
분필 조각이 폐에 박혔고
그의 동기는 그를 업다가
발목이 접질려 병원 신세를 졌다

그러나
그는
산도 곧잘 올랐고
자갈밭도 잘 달렸다 했다

그는 업혀 다녔다
그의 부장은 그를 업다가
뇌혈관이 막혀 말을 더듬었고
그의 계원은 그를 업다가
손목 신경이 절단됐다

그러나
그는
산도 곧잘 올랐고
자갈밭도 잘 달렸다 했다

1951년 1월

1951년 1월 1일

스무 살이 된 그녀

1950년 9월 고등학교 3학년

서울 수복이 된 다음 날

담임은 내일부터 학교에 나오지 말라고

1951년 1월 1일

스무 살이 된 그녀

남은 공부를 끝낸 뒤 대학에 가고 싶다고

1951년 1월 10일

깊은 밤

그녀는 강원도 고성군 봉수리에서

남쪽으로 향하는 고깃배에 올라

칼바람 맞을 때

그녀의 아버지는

"길게 잡아도 십 일만 있으면 돌아올 거야."

그녀는 아버지 말을 듣고
다시 집으로 되돌아오면
의용군으로 끌려간 둘째 오빠도 만나고
못다 한 공부를
끝낼 줄 알았다고

1951년 1월 1일
스무 살이 되었던
그녀는
2021년 1월 1일
아흔 살이 되었던
그녀는
경상남도 진주시 요양병원에 있다고

모란이 떨어진 날

보습학원 국어 강사 김경식 씨는
지은 지 사십 년 정도 된 단독주택에 살았다
화단에는
그의 아버지가 심은 모란도 있었다
붉은 모란꽃이 피면
그의 노모는
남편이 보고 싶었다
김경식 씨는 그런
어머니 마음을 알긴 했는데
승용차가 없어
아버지 곁으로 가려고 하면
버스를 두 번 갈아 타고
다시 오 리를 걸어가야 했다

김경식 씨는 늦은 아침을 먹은 뒤
학원으로 가는 길에
모란이 뚝뚝 떨어져 내리는 걸 보며

우산을 쓰고

담배 연기를 깊이 빨고 있는

노모의 뒷모습을 봤다

영축산

1

가을바람은
적송 가지 쓰다듬고는
굴참나무에게 다가와
"단풍 들라."

밤비 마셔
삼매에 잠긴
잎사귀들은
바람더러
"이제, 흔들리지 않는데,
단풍 들어 떨어지고 나면
어디로 가야 하는데…."

2

영축산 아래 마지막 남은
밭두렁 위에 선 노부부
노인은 보라색 장화 신고
농약방에서 준 모자 쓰고
맨손으로 조선낫을
노파는 보라색 장화 신고
수건으로 머리를 동여매고
맨손으로 조선낫을

노인은 기우뚱거리며 밭으로 들어가
강냉이 대 밑동을 몸쪽으로 당기고
"요이시"하면서 조선낫으로 잘랐다
노파는 노인의 뒤를 어기적어기적 따라
강냉이 대를 밭에 눕혔다
노부부는 낫으로 오늘 하루를 베기만 했는데

강냉이 밑동은 죽창처럼 변해
밭두렁 옆 3층 전원주택을 쏘아보았다

3

비 갠 다음 날 영축산은
허리에 하얀 구름 두르고
지산리 농가 슬레이트 지붕 아래
닭 울음소리 들리고
지산리 농가 굴뚝에서
밥 짓는 하얀 연기 피어오르면
지산리로 들어온 사람들은
누구도 혼자가 아니었는데

비 갠 다음 날
아름드리 소나무 사라진 자리에
우뚝 솟은 전원주택 담벼락

허리에 구름 두른 영축산 가려버리고

사람 소리 차 소리 들리건만

여럿이었던 누구나 혼자가 되고 마는데

돈

언제 돈이 있어

영축산 아래

살아 볼까나

그렇게 되기만 하면야

불알 달린 하얀 강아지 한 마리 사서

뜨끈한 아랫목에 보듬고 누워

그놈 입 안에서 나는 꼬신 냄새 맡고

그놈은 내 볼을 핥다

바닥에 배 깔고 자거든

나도 배 깔고 그놈 발 잡고 자고 싶다

그런데

돈 들어오는 구멍은 하나뿐

나가는 구멍은 수두룩

자식 학원비, 아파트 관리비, 정수기 관리비, 아버지 기일……

친구 놈 사정 듣고 들었던

보험료까지

아 정말 나가는 구멍 수두룩 기세등등

영축산 아래 땅값은 쑥쑥

스무 살, 비 온 뒤 벚꽃 떨어지던 날

군복 입고 고향으로 첫 휴가 나왔다가
서울 가려고 고속버스 터미널 문을 들어설 때
멀리서 나를 보고 머리를 숙이는 여자와
서로 엇갈려 지나치는데 트로트처럼 짠했다.

그녀는
재수 학원 담장 위 가시철조망 넘나들며
수업을 빼먹곤 했는데
비 온 뒤 벚꽃 떨어지던 날
술 취해 비틀거리는 동기 녀석 손을 잡고
학원 앞에 서 있었다.

동기 녀석
술 한잔 사달라 하는데
고개 끄덕이며 학원 앞 구멍가게 들러
소주, 라면, 새우깡을 사
자취방으로

둘은 방으로 들어가고
연탄 화덕 위에 냄비를 올려
삼양 라면 삶아
양푼이 세 개에 담아
밥상 위에 올리고
방문을 열려다

멈춰야 했다.

바퀴벌레

움푹 들어간 눈
분노 어린 눈빛
복도를 엉성하게
걸어 다니는
간이 심하게 아프다는
519호 남자 환자
어제
병실에서 고함을 질렀다

다음 날 아침
복도에서 걸레질하고 있는데
519호실 문이 열리고
남자 환자가 나와
분노 어린 눈빛으로 나에게 손짓했다
그의 손가락이 가리키는 쪽으로 따라가
장판에 납작하게 달라붙어
말라가고 있는

바퀴벌레 세 마리를
쓸어 담았다

519호 환자
바퀴벌레에게
도저히 질 수 없어
손바닥으로
때려잡았다 하면서
엷은 웃음을 보였다

일 기다리는 청년

그는 차가운 방에 누워
전역한 여름 찾았던 비진도를 기억했다
민박집 마당까지 찾아왔던
파도 소리 들렸고
삼겹살 익는 냄새도 났고
캔맥주 마시며
친구가 기타 치며 불렀던 김광석의 "일어나"도
무엇보다
뚜렷한 건
옆방 젊은 여자들
지저귀는 소리
울부짖는 소리
민소매 입은 젊은 여자 둘이
청년에게 달려오며 비명을 질렀다
"지네가 친구 머리를 물었어요."
그는 젊은 여자의 말을 듣고
민박 주인에게 달려가 구급약이 없느냐고

주인은 "보건지소" 하면서 선착장 근처로 손짓했다

그의 등은 젊은 여인의 놀란 가슴이
와 닿았던 순간을 기억하는데
그의 눈빛은 책상 책꽂이에 꽂힌
9급 공무원 수험서로
그는
언제쯤
지하철 내려
또각또각 구두 소리 내면서
사무실로 출근한
지난밤 남친과 키스했던
여직원이
남친에게 카톡 문자 날려대는 사무실에서
컴퓨터 자판 두들길 수 있기는 한 걸까,
하면서 한숨 뱉는다

2

눈 노래진 청년
경찰간부직 시험
세 번 떨어졌는데
좁고 가파른 계단만 있는
오층 학원 강의실에서
형사소송법 강의를 듣다가
잠이 쏟아져
이래선 안 되겠다 싶어
같은 건물 이 층에 있는 내과로 내려갔는데
목이 짧은 원장은
콧잔등으로 내려온 안경을 올리면서
"이거, 간염 같은데…."

청년의 어머니는
양산 남부시장에서 더덕 껍질 벗기다가

청년의 전화 받고
병원으로 달려와
더덕 껍질 말라붙은
앞치마 주머니에서
구겨진 만 원짜리 다섯 장 꺼내
간호사에게 내밀었다

간염 걸려 서러운 아들은
더덕 껍질 벗기다
더덕 껍질을 닮아버린
어머니 손을 잡고
좁고 가파른 계단을
내려갔다

다대포 모래알

다대포 백사장,
하늘은 내려앉았고
바람은 사납게 불었고.
굵은 빗방울 떨어지고
백사장으로 바닷물이 밀려 들고
파도는 백사장 모래알을 삼키고

모래알은 원래 한 몸

통도사 뒤
독수리를 닮은 산마루 아래
계곡에 있던
독수리 눈을 닮은 바위

솔 씨 한 톨 날아왔을 때
바위는 솔 씨쯤이야, 했지
어느 날

바위는 몸이 가려워
몸속을 긁었는데
작은 실핏줄 같은 게 자리를 잡아버렸어
언젠가부터
석공이 먹줄 튕겨 가며 줄 치고
정으로 쪼아댄 것처럼
바위에 금이 생겨
소나무 뿌리 굵어지면서
금은 더 커져 갔는데

하늘 내려앉고
바람 사납고 굵은 빗방울 떨어지는 날
산마루에서 내린 물이
굵은 금으로 쏟아져 들어와
바위는 반으로 갈라지면서
소나무 뿌리가 드러나고 쓰러지고
우듬지는 계곡 속으로 처박히고

쪼개진 바위 큰바람이 불 때마다

통도사 계곡 아래로 아래로

호박만한 돌 되었다가

양산천까지 굴러굴러

자갈 되었다가

낙동강 만날 때

모래가 되었다가

다대포에서 솔 씨만큼 작은 모래로

의류 수거함 근처에서

시를 쓴 뒤 응모 한번 해 볼까?
서점에서 헤밍웨이의 노인과 바다의
가격표를 비교한다든가?
딸이 대학교 수시 원서를
지원해야 하는데 어디로 할까?
차를 사긴 사야 하는데
이 지점 말고 다른 지점을 가 볼까?
승용차 혹은 SUV를 사 볼까?
친구가 주말에 등산을 가자고 하면……

백화점에 가서
한나절 둘러보면서
골랐던 결혼 예복
그 검정 정장이 작아졌을 때
슬리퍼 질질 끌고 수거함으로 가
매몰차게 던지고 돌아서던
살찐 내 뒷모습을 떠올렸다

언(言)

언(言)이 구토물 위에 고개를 처박고 울었다
언(言)이 시큼한 위액에 잠겨 고개를 처박고 울었다
그는 친구를 팔아먹고 부모를 잡아먹고
직장도 말아먹고 나라도 삼켰다고 부르르 떨면서 울었다

몰락한 영웅이 행려 시신이 되어 싸늘하게 죽어갔다

남강에 뗏목 띄우고

스무 살 봄
재수할 때
친구 녀석 진주 남강 둑으로 가자고 했지

친구 녀석은
공룡 발자국이 있는 동네서 올라와 자취했는데
연탄가스 맡고 죽기 싫어 전기장판 깔고 자고
양은 도시락에 밥만 담아 학교로 왔고
나는
아침 일곱 시에 학교로 나가
저녁 열 시 혹은 열두 시에 집으로 돌아왔는데,
수업 시간 자율학습 시간에 자리에 앉아
어릴 적 길렀던 닭, 오리, 개, 돼지, 비둘기나 그리워하고

고등학교 입학한 뒤
우리 둘
꿈 같은 게 없어졌을 거야

대신

남강에 뗏목 띄우고 떠내려가는 걸 상상했어

재수할 때 역시 꿈 같은 건 없었어

남강에 뗏목 띄우고 떠내려가는 걸 상상했어

어쨌든

우리 둘은 스무 살 봄

남강 둑으로 갔었지

친구 녀석 둑길 걷다 돌아서면서

도종환 '접시꽃 당신'을 불쑥 내밀었지

"이기, 뭐꼬?"

"야이, 빙신아, 아래께 니, 생일 아이가."

지금

친구는 울산 살고

코로나19로 사업이 힘들다 하더만

일 년 다 돼 가는데

전화 연락이 되지 않았다

주인이 너무 많아

학교의 주인은 학생들 같기도
학교의 주인은 교사, 교수 같은
학교의 주인은 교장, 총장 같은
학교의 주인은 교육감, 이사장 같은
회사의 주인은 사원 같기도
회사의 주인은 노조 같은
회사의 주인은 사장 같은
군대의 주인은 사병 같기도
군대의 주인은 부사관 같은
군대의 주인은 장교 같은
군대의 주인은 장군 같은
도시의 주인은 시민 같기도
도시의 주인은 공무원들 같은
도시의 주인은 시 의원들 같은
도시의 주인은 시장 같은
나라의 주인은 국민 같기도
주인이라는 말이 있어

주인은 분명히 있을 거 같기도
주인은 너무 많아

무례한 속삭임

그가 다가와
보이지 않는 손짓을 보라고
들리지 않는 괴성을 들으라고
다시
미래에서 끌고 온 폭력을 들먹이며
무릎을 꿇어라
그간 널 먹였고
네 가족을 기른 것은
자기라 속삭이며 재갈을 내밀고
굴종은 의무란 단서를 달았고
소리 없이 고개를 끄덕일 것을 요구하며
그는
함정을 팠고
자리에 앉아
다른 사람들의 굴종을 바라보며
무릎 꿇은 존재들 향해
조용히 비웃고

하루를

마감하곤 했다

남으로 가지 뻗은 왕벚나무

회사 북쪽

뒷문 근처

왕벚나무

사람 나이로 오십 줄

대한민국

기상 관측한 뒤

가장 기온이 낮았던 겨울

매서운 바람

속으로 파고들 때

왕벚나무는

1987년 7월 9일

자신을 눕히려 했던

태풍 셀마

2003년 9월 12일

자신을 뿌리째 흔들었던

태풍 매미

떠올리며

잔뿌리로 흙 꽉 움켜쥐고
떨며 버텼다

드디어
봄 햇살

왕벚나무
봄바람에게
"칼날 같았던 겨울도 시간은 이기지 못해.
바람아, 꽃 피우게 내 등 좀 긁어다오."
하면서
가지에 비로소 꽃송이 몇 개 매달 때
회사 직원 몇이 곁으로 걸어오는 거 보고
꽃 좋은 줄은 잘도 아네, 하는데
이런
기계톱 돌아가는 소리 들리고
하얀 연기 피어오르고

밑둥치로 톱날 바짝 다가오는데

제기랄

3부 블랙박스

鄕愁 89 | 아침형 인간 90 | 하늘 사람 91 | 구조조정 92 |
홍단풍 94 | 분노조절 장애 그 뒤 96 | 블랙박스 98 |
조덕기 상병 99 | 고객 102 | 멧돼지 사냥 105 |
거울이 깨졌는데 108 | 영축산에서 본 프로야구 선수 110 |

鄕愁

  현관문을 나오면 엘리베이터 버튼을 누르고 주차장으로 나오면 스마트키를 눌러 차를 찾아야 일터로 가끔 차 타이어 펑크가 나서 보험회사 출동 서비스를 기다리고 일터에서 돌아오면 공동출입구 비밀번호를 눌러야 집으로 들어가고 가끔 현관문에 광고지 붙이는 아르바이트생들이 뒤따라 들어오고

  일터로 나갈 때 머리 높이 정도 되는 블록 담장에 앉아 햇볕 쬐는 참새를 엉덩이 맞대고 짝짓기하는 개를 새벽에 잡은 쥐 대가리를 씹어먹는 고양이를 삽자루 자전거 삼각대에 끼우고 논두렁에서 돌아오는 노인의 모습을 일 마치고 돌아올 때 골목에 번지는 보리 볶는 밥 뜸 들이는 멸치 육수 내는 된장찌개 끓이는 양지머리 푹 고아 끓이는 소고깃국 밥 태운 냄새 전등 아래서 아이 구구단 외우는 찹쌀알 떡 하는 설거지하고 난 물을 하수구에 던지는 일을 끝낸 아버지가 찾아오는 구두 소리

아침형 인간

　출근길 사거리 승용차들이 앞 차 꼬리를 물고 가다가 섰다 섰다가 다시 갔다. 은빛 쏘나타 운전대를 잡은 사내는 하품하고 눈물이 난 듯 손가락으로 눈자위를 꾹 누른다. 소나타 옆 인도와 차도 사이 종이상자를 가득 실은 손수레가 보였다. 검은색 챙모자 쓴 허리를 숙인 분홍 면티를 입은 노파가 그 수레를 끌고 있었다. 무릎이 툭 튀어나오고 오금엔 주름진 검은색 체육복 바지를 입고 있었다. 바지 길이가 짧아 발목이 쑥 나와 있었고, 노파는 허리 펴고 비뚜름하게 쓴 검은색 챙모자 벗고 이마에 맺힌 땀을 손바닥으로 쓱 문질렀다. 손바닥에 묻은 땀은 바지에 닦고 휴 하고 한숨 뱉으며 푸른 신호등으로 바뀌길 기다렸다. 평생 아침형 인간으로 살아온 노파의 하루 수입은 만 원이 되지 못했다.

하늘 사람

그가 나타났어요. 하늘에서 내려왔어요. 멀리서 오느라 힘들었던 거 같았어요. 근무 시간에 잠을 자요. 하늘 사람이라 그런지, 직장에서 모두 무서워하는 박 부장도 그에겐 아무 소리도 못 해요.

그는 하늘 사람이라 모르는 것은 없어요. 업무면 업무, 상식이면 상식, 해외여행이면 해외여행, 재테크면 재테크, 아 참! 중요한 게 빠졌네요. 연애요.

그의 목소리는 신입 여직원 앞에서 더 커져요. 얼마 지나지 않아 그가 박 부장 자리를 차지한다는 말도 들려오네요. 남이 안 보는 데서 직장 일을 한 미덕 덕분이라네요. 기대해요. 그가 만들어줄 행복한 직장을. 그는 하늘에서 내려온 그라서 꼭 그래 줄 거라고 믿어요.

구조조정

반려견 하얀 시추 8차선 도로로 달려갔는데 중앙선까지 가서는 달려오는 차 보고 뒤로 물러서다 그만 BMW 앞 범퍼에 받혀 날아올랐다가 도로로 떨어졌다. 뒤따라오던 벤츠 오른쪽 뒷바퀴가 정확히 시추 배 위로 지나갔다.

시추는 청주에 사는 어미 자궁에서 나온 지 한 달 됐을 때 티컵 강아지라 불리면서 인터넷 광고에 올랐고 서울로 팔려 갔다.

하얀 시추를 사간 사내는 대(大)를 위해 소(小)를 희생하자는 말을 행한 사람이었다. 특공여단에서 근무했고 대간첩 작전에 참여해 훈장도 받았다. 시추가 뛰어노는 거실에는 그때 받은 훈장도 번쩍거렸다. 훈장을 받은 사람답게 사내는 회사가 어렵다는 말에 대를 위해 자신을 희생할 줄 알았다. 일 년 바짝 학원에 다니며 기술을 익히고 빵집을 열었다. 하얀 시추는 빵집 소파에서 사내가 만든 빵을 먹으며 사내를 위해 꼬리를 흔들었다.

어느 날 사내의 빵집 옆에 아침마다 집으로 빵을 배달해 주는 빵집이 들어섰다. 사내는 대를 위해 자신을 희생한 경험을 떠올리며 하얀 시추의 목덜미를 어루만졌다. 마감 시간에는 부쩍 줄어든 매상을 보면서 하얀 시추를 안고 "내일은 잘 되겠지." 하고 말했다.

월세가 여섯 달째 밀린 건 하얀 시추가 알지 못했다. 건물주가 일곱 달째 빵집으로 찾아왔다 사내는 고개를 숙이고 전화 통화할 때처럼 "다음 달에는 낼 수 있을 겁니다." 하고 속삭였다. 건물주는 "그다음 달이 대체 언젠데요." 하고 퉁명스럽게 말하고 문을 열어 놓고 나가버렸다 사내는 밀린 월세 걱정하느라 열린 문으로 하얀 시추가 나간 줄 몰랐다.

홍단풍

자네, 서 있는 화단에 씨 톨로 떨어진 것은 20년 전 일 거야 다행히 너는 싹을 틔워 풀보다 작은 키로 버텼어 사람들은 처음에 널 잡초 비슷하다고 봤을 거야 잡초가 베어질 때 너는 줄기 잘렸어도 뿌리는 남아 땅을 붙들었어 그러면서 잡초보다 줄기가 단단해졌고 잡초와 다른 잎을 지녔다고 다른 취급을 받았을 거야

십 년 전일 거야 자네가 사람보다 키가 더 커버린 지가

자네, 봄에 솜털같이 생긴 잎사귀 말아 쥐고 졸고 있었던 걸 기억하네 그동안 자네 자리 지킨 덕에 사람들은 거름도 더러 뿌려주더군 자네, 지난여름 큰바람과 다투는 것을 봤네 바람에 몸 맡기고 가지에 난 잎사귀 붙들고 있던 걸 오직, 가을 한철! 가지에 난 것들을 불사르리라 각오하며 단단히 버티던 자네를 말이지

가을! 그렇지, 자네의 계절, 지난겨울부터 예리하게 빚어 낸 것들을 불사르고 어제 자네는 붉은 정신을 털어 내며 다시 예리한 모습으로 변해 가겠다 다짐하더군

분노조절 장애 그 뒤

쥐색 양복을 입고 출근한 날

3년 전
금요일 오후 3시 30분
가을하늘 공활했고 높았고 구름 없었지

6교시 수업을 끝낸 뒤 '아, 한 시간 뒤, 퇴근한다.' 윤수일의 "황홀한 고백"을 읊조리며 복도를 걷고 있었다. "휴대폰 내놔." "씨발, 왜 내 휴대폰 빼앗아 가는데……." 그렇게 고함친 학생은 "씨발"하고 교실 미닫이 출입문으로 달려가 유리창에 주먹을 날렸다 창 유리는 조각나 복도로 떨어져 내렸다. 학생의 주먹에서 피가 뚝뚝 떨어져 내렸다 학생은 교실로 들어가 가방을 들고 복도로 나왔다 복도에는 피비린내 퍼지고

학생을 보건실로 데리고 가든지 병원으로 데리고 가야 했다 보건실로 가자 했다 학생은 내 손을 뿌리치며 현관 쪽으로 빨리 걸어갔다 나는 "거기서."하고 외쳤지만, 학생이

멈출 리 없었다 달려가 학생의 오른손을 잡았다 쥐색 양복 소매로 핏방울이 떨어졌다 학생이 손을 뿌리쳤다 핏방울이 쥐색 양복 어깨 위로 뿌려졌다

    학교에서 병원까지 이백 미터
    핏자국도 이백 미터

    퇴근한 뒤 쥐색 양복을 세탁소에 맡겼다

    역시
    가을하늘 공활하고 높고 구름이 없는 계절에
    나는 쥐색 양복을 꺼내 피비린내를 맡았다

블랙박스

그는 승용차를 몰면서 담배를 피우고 창밖으로 재를 떨었다 뒤에 오는 차 블랙박스를 피해 꽁초를 버렸다 논어, 맹자, 금강경, 대승기신론, 시집, 수필, 소설, 자기계발서, 주식, 스크린골프, 김치 담그기 책까지 끼고 살았다 회식 자리에 가면 업무 평가 전문가가 되어 지식을 늘어놓았다

임원들이 회사 일로 그를 급히 찾을 때 직원들은 아주 쉽게 그를 찾을 수 있었는데 회사 창고 구석 낡은 소파에 그는 몸을 파묻고 입가에 침 흘리고 자고 있었기에 직원이 그의 어깨를 툭 치면 온몸으로 놀라고 비틀거리며 일어섰다

조덕기 상병

1991년 12월 22일 영하 20도 강원도 인제군 인제읍 덕산리 경상남도 산청군 삼장면 내대리 출신 조덕기 상병은 화장실에서 엉덩이를 까고 똥은 누었다. 그 앞에 바지를 깐 놈은 열 명이었다. 조 상병은 열한 번째 바지를 깐 셈이었다. 그가 쪼그리고 앉았을 때 똥 탑 꼭대기가 똥구멍을 푹 찔렀다.

조덕기 상병은 "아"하고 약하게 비명을 질렀다. 똥구멍에서 피도 쏟아졌다. 똥 탑으로 핏방울이 흐르기도 했다. 조 상병은 항문 부상을 당했지만, 사명감 비슷한 감정이 속에서 올라왔다. 똥을 다 눈 뒤 한 손으로 아픈 똥구멍을 문지르고 다른 손으로 막대기를 잡고 똥 탑을 무너뜨리기 시작했다. 그 광경을 측신(廁神)이 봤는데 조 상병이 천일기도 회향하는 스님을 닮았다고 했다.

똥 얼음 얼음 똥인지 조 상병은 헷갈리면서 힘껏 똥 탑을 무너뜨렸다. 조 상병은 자신의 노력으로 소대원들의 항문

부상은 막을 수 있다고 중얼거렸다. 그런데 탑이 무너지면서 얼음 조각들이 생긴 게 문제였다. 똥 성분이 들어간 얼음은 조 상병의 야전상의로 날아갔다. 조 상병은 자신의 거룩한 실천을 소대원들에게 말할 사람은 아니었다. 그는 자신이 한 행동은 자신도 잘 잊었다.

조 상병이 내무반에 들어갔을 때 벌겋게 닳아 오른 난롯가에 소대원들은 앉아 떠들고 있었다. 조 상병은 난롯가로 가 앉았는데 야전상의에 묻은 얼음 똥 똥 얼음은 난로의 열기에 이내 녹고 기체가 되었다. 그때 경상남도 마산시 돼지국밥집 장남 박성훈 병장이 말했다.
"아이, 씨발! 산청 촌놈이 들어오니까, 똥냄새가 나노?"
거기서 끝나지 않았다 박성훈 병장이 날리는 주먹은 정확하게 조 상병 대가리로 날아들었다. 조 상병은 항문을 잡고 있던 왼손을 대가리로 옮겨 문질렀다. 조 상병은 한 손은 항문을 잡고, 한 손은 대가리를 문지르며 내무반에서 쫓겨났다.

조 상병은 내무반에서 쫓겨나 추위에 떨면서 말했다.

"내가 창녕 조씨고, 웃대 할베 중에 남명 조식이 할베도 있는데……."

고객

화장실에서 담배 연기 냄새가 난 거 같았다. 선배 교사가 학년실 문을 열고 화장실로 걸어갔다. 학년실 문이 열리고 선배 교사 뒤따라 남학생 둘이 고개를 들고 들어왔다. 선배 교사 손바닥 위에는 피우다 만 담배가 보였다. "니가 피운 거 맞아?" 한 학생은 고개를 흔들었다. 눈을 사납게 뜨고 있던 학생은 고개를 끄덕였다.

고개를 끄덕인 학생의 징계가 시작되었다. 학생부에서는 그 학생 부모의 서약서를 받아야 한다고 했다. 그 학생의 부모는 담임의 전화를 받지 않는 거로 소문이 났는데, 다른 학생들 부모들은 자식들이 말썽을 일으키면 담임 전화 받고 같이 안타까워하고 눈물 흘리기도 하는데, 어쨌든 그 부모에게 연락은 해야 했다. 안 받을 줄 알면서.

그 학부모에게 자녀에게 문제가 있어 전화 통화해야 하는데 전화를 받아 달라고 문자를 보냈다. 퇴근 뒤에 연락하겠다는 문자를 세 시간 뒤에 받았다.

부모가 학교에 왔다

담배 피운 걸 이야기했다. 부모는 대학 이야기를 했다. 괜찮은 대학을 가야 한다고 또 말했다.
자녀가 결석한 이야기를 했다. 대학 이야기를 했다. 괜찮은 대학을 가야 한다고 또 말했다

학교를 떠나면서 자녀가 학교에 오지 않으면 문자로 알려달라고 했다.

학부모의 자녀가 학교에 나오지 않았다.
그 사실을 문자로 보냈다.
자녀를 체벌한 적 있느냐고 답이 날아왔다.
자녀가 체벌이 두려워 학교에 안 가는 것 같다는 말도 덧붙어 있었다.

체벌이라?

학생!

고객!

헤아리지 못했던 어리석음!

멧돼지 사냥

동굴 안에서 부족장은 남쪽을 바라보고 부족들은 북쪽을 보고 앉아 있었다. 머리카락이 희끗희끗한 사람이 일어나 멧돼지 잡기가 힘들어 부족의 앞날이 걱정이라 했다. 부족들의 표정은 어두워져 갔다. 부족장은 왜 그런가, 하고 물었다. 머리카락이 희끗희끗한 사람은 가슴근육하고 이두박근과 삼두박근이 꿈틀거리는 젊은 사람 쪽으로 눈길을 주면서, 멧돼지 먹는 것만 밝히고, 잡는 기술을 배우지 않으려 든다고 말했다. 머리카락이 없어 나이를 종잡을 수 없는 사람은 뭔가 할 말이 있는 듯 일어났다가 주저앉아 머리가 희끗희끗한 사람을 한참 노려보면서 허, 참, 하고 혀를 몇 번 찼다. 머리카락 희끗희끗한 사람은 다시 일어나, 돼지가 나타나면 아직은 때려잡을 힘이 있다고, 하면서 부족장을 올려다봤다.

동굴 안으로 여인들의 소리가 들려왔다.
"족장님, 메메…멧돼지 떼가 동굴 앞 밭에 심어 둔 고구마를……"

족장은 머리카락 희끗희끗한 사람을 바라봤다. 그 사람은 근육이 우락부락한 사람을 바라봤다. 그러자 근육질의 사내는 머리카락이 희끗희끗한 사람을 보고 "돼지가 나타나면 때려잡을 힘이 있다면서요."하고 말했다.

족장은 머리카락 희끗희끗한 사람을 다시 바라봤다. 그 사람은 근육이 우락부락한 사람을 다시 바라봤다. 그러자 그 사람은 "돼지가 나타나면 때려잡을 힘이 있다면서요."하고 다시 말했다.

머리카락이 없어 나이를 종잡을 수 없는 사람은 뭔가 할 말이 있는 듯 일어났는데 다시 주저앉아 버렸다.
해가 저물었다.

해가 떴다.
족장은 머리카락 희끗희끗한 사람을 바라봤다. 그 사람은 근육이 우락부락한 사람을 바라봤다. 그러자 그 사람은

"돼지가 나타나면 때려잡을 힘이 있다면서요."하고 말했다.

족장은 머리카락 희끗희끗한 사람을 다시 바라봤다. 그 사람은 근육이 우락부락한 사람을 다시 바라봤다. 그러자 그 사람은 "돼지가 나타나면 때려잡을 힘이 있다면서요."하고 다시 말했다.

족장은 머리카락 희끗희끗한 사람을 다시 바라봤다. 그 사람은 근육이 우락부락한 사람을 다시 바라봤다. 그러자 그 사람은 "돼지가 나타나면 때려잡을 힘이 있다면서요."하고 말했다.

머리카락이 없어 나이를 종잡을 수 없는 사람은 뭔가 할 말이 있는 듯 일어났는데 다시 주저앉아 버렸다.

거울이 깨졌는데

   교육지원청 회의실에서 학교폭력대책자치위원 업무 연수를 받는데 장학사는 학생을 때린 학생을 가해자라 맞은 학생을 피해자라 부르지 말라고 했다. 가해자 피해자 하는 말을 들으면 학부모 마음이 불편해져 일이 복잡해진다나
   가해자 피해자 대신 뭐라고 불러야 하지, 고민하다가 아비를 아비라 부르지 못해 한 맺힌 사나이 홍길동의 처지까지 헤아릴 때, 휴대 전화가 떨었고 액정에 학교 전화번호가 떡하니 나왔다. 장학사한테 고갯짓하고 복도로 나와 받을 수밖에. 교감은 화장실 세면대 거울을 깨뜨린 학생이 있는데 학부모한테 연락하라고
   그런데 그 학생은 며칠 전 석고보드로 마감한 벽을 차서 부수었다. 그때 행정실장이 학부모한테 전화하라고 해서 전화했더니만 학부모는 화를 내면서 말했다.
   "학교 벽이 차서 깨질 정도면, 그건 건물을 잘못 지은 거 아니오."
   학부모하고 전화하고 난 뒤 교육부 장관도 모르는 학교 건물 건축 기준을 하나 알았었다. 그래선지 이번에 전화하

면 학교 화장실 건축 기준까지 하나 더 알려줄 거 같아 마음은 가벼워지고 설레기만 했다.

영축산에서 본 프로야구 선수

    통도사 뒤 영축산 함박재까지 학생들을 데리고 소풍 가는 날 산문 앞에서 학생들을 모아 무풍한송길을 따라 계곡 물 소리를 들으며 큰절 일주문 앞에서 잠시 쉬었다 학생들은 갈증 난다고 하면서 성보박물관 옆 카페로 몰려가 주스를 사 마셨다 큰절 일주문 옆 계곡 길 따라 다시 걸었다 안양암 가는 언덕길 옆 극락암 가는 농로를 따라 걸었다 추수가 끝난 들판이 보였다 자장암 뒷산은 단풍 들고 있었다 높고 구름 없는 드높은 가을 하늘 한 번 보고 숨을 깊이 들이마시고 극락암 가는 길로 접어들었다 하늘이 사라졌다 길 옆으로 우뚝 솟은 적송들이 하늘을 가려버렸다

    극락암 주차장에 도착했다 학생들은 잘 따라와 주었다 학생들은 주차장 자갈밭에 엉덩이를 철퍼덕 던지고 앉아 배낭에서 토스트, 김밥, 코카콜라, 포카리스웨트, 게토레이 같은 걸 꺼내 다 먹어 치울 기세로 먹기 시작했다 우리가 갈 곳은 아직 멀었다 극락암을 지나고 백운암을 거쳐 함박재까지 가야 했다 그런데 지금 다 먹어 버리면 어떡하나 싶

었다 학년 부장이 반별로 학생 인원 점검을 하라고 했다 영축산 병풍바위 안에 묻힌 극락암은 다시 대나무가, 적송이 감싸주었다

   극락암을 등지고 학생들을 마주 보며 1번부터 출석을 부르기 시작했다.
"김도연"
"이대호다."
"예" 대신 "이대호다"하는 소리가 들렸다 눈을 부릅뜨고 김도연을 노려봤다 그는 대답 대신 극락 영지와 홍교 쪽을 손가락으로 가리키고 있었다 스님과 체육복을 입고 야구 방망이를 들고 주차장으로 내려오는 사람이 보였다

   극락암 옆길을 따라 백운암으로 향했다 길은 가팔랐다 뒤에 김도연이 따라오고 있었다 그에게 물었다
"아까, 방망이, 들고 가는 사람은 누고?"
"선생님요, 이대호도 모릅니꺼?"

KBS 9시 스포츠 뉴스에서 롯데자이언츠 소속 선수가 프로야구 시즌이 끝난 뒤 통도사 극락암에서 살면서 스님 설법도 듣고 영축산도 오른다는 이야기를 들은 게 기억났다

이대호 선수를 본 뒤 직장 생활을 하면서 능력이 의심스럽거나 힘들다고 불평을 달고 살았을 때 요령을 부리고 싶어질 때면 야구 선수였다면 나는 어떤 선수일까 하고 고민했다 실업, 2군, 1군 선수 가운데 어디? 타자라면 몇 번? 수비 위치는 투수, 내야수, 외야수? 그러다 이왕이면 투수지 하면서, 관중과 상대 선수들의 관심이 쏠리는 투수를 상상했다 투수라면 선발 로테이션에 포함됐을까? 몇 선발? 그게 아니라면 중간 계투, 몇 이닝이나 소화했을까?

마무리 투수라면 플레이오프 진출권이 걸린 마지막 원정 경기 9회 말 우리 팀이 1대0으로 이기고 있지만, 만루 상황일 때 홈 관중의 야유를 받으며 마운드에 올라 상대 타자를 향해 공을 던질 용기는 있는지 누군가 물어보면 뭐라고 답할까 상상했다

4부 청소년 하나

돌대가리 117 | 청소년 하나 120 | 18세 여름 122 |
눈썹 문신 125 | 적멸보궁 가는길 128 | 아동학대 130 |
학생부장의 기도 132 | 시골 학교! 135 | 보광고 138 |
선생 김동하 140 | 급식소에서 142

돌대가리

1

돌대가리!

그가 자주 들었던 소리
그는 돌대가리 소리를 들으며
간혹 석불(石佛)을 떠올리며
"부처님, 머리를 말하는 건가?"

회사에서도 그는 돌대가리
앞에서 돌대가리라고 하진 않았으나
그가 없는 자리에서 그는 돌대가리
업무 시간에 해외여행 사이트를 뒤적이는
동료가 그에게 업무를 떠넘기기도 했으나
돌대가리는
굵은 손가락으로 컴퓨터 자판을 두들기며
그 일을 떠맡곤 했으니

돌대가리, 그는

석불(石佛)도

돌머리를 가진 사실을

드물게 떠올리며

학원으로 가는 아들에게는 아비가 맞다고

2

우리는

수업 시작부터 삼십 분이 지날 때까지

이상화의 '빼앗긴 들에도 봄은 오는가'만 읽었어

교사는 교탁 앞 학생 의자에 앉아

다리 쭉 뻗어 다른 의자에 걸치고 있었어

학생 하나는 그의 다리를 주무르고

또 다른 학생은 그의 어깨 주물렀어.

굳게 닫혔던 교실 여닫이문이 쑥 열리고
교감이 교실 안으로 들어왔어
문이 열릴 때 교사는 책상 안으로 몸을 숨기고
교감은 고개를 흔들며 나갔지

교사는 창가에 앉은 학생에게
"돌대가리가, 교감 오는 거 못 보고."

그때부터 그는 절에서 본 석불(石佛)이
돌로 된 머리를 가지고 있는 걸 기억했던 거 같아

청소년 하나

퇴직 앞둔 면장에게도
주민등록등본 떼고 가는 문구점 사장에게도
허리 굽은 종이상자 줍는 노파에게도
면사무소 앞 건널목 신호등은
보이지 않았어

청소년 하나
면사무소 앞 건널목 신호등
붉은 신호가 나오면
건널목에서 기다렸고
푸른 신호로 바뀌면
건널목을 건넜지

청소년 하나
학교생활 십이 년째
수업 들어온 교사들도
담임한 교사들도

급식소에서 같이 밥 먹은 친구들도
그를 보지 못했어

대학 갈 때
지방 사립대학 합격자 명단에도
청소년 하나 이름은
보이지 않았어

18세 여름

18세 여름방학 보충학습 날
남학생만 58명 있었던
교실 어디에도
선풍기는 없었고
바람마저 우릴 찾지 않았어

함양에서 온 청소년
화장실에서 담배 피우다
담임한테 걸려
교실 어디에도
선풍기는 없었고
바람마저 우리를 찾지 않는데
함양에서 온 청소년은
밀대 자루로
엉덩이 허벅지 종아리를 맞았던
18세 여름날
함양에서 온 청소년의

허벅지와 종아리
시퍼런 피멍 보면서
무더위를 잊었던
18세 여름날

고등학교 동기 네이버 밴드에
옛 청소년
누구는 장군
누구는 경무관
누구는 서기관
누구는 이사관이라는데

함양에서 와
자취방에서
홀로 밥을 끓여 먹었던
18세 무더위를 잊게 해줬던
함양에서 온 옛 청소년

허벅지와 종아리의

시퍼런 피멍은 보이지 않아

18세 여름마저 잊을 거 같은데

눈썹 문신

눈썹이 희미해
아파트 베란다 창문이 없는 것처럼 허전해
반영구 눈썹 문신 시술 예약하고
한 시간 침대에 누워
눈썹 펜이 서걱이는 소리
드르륵 기계 소리
결핍 채우는 소리
참아냈다
사람들은
눈썹 생긴 걸 자꾸 확인하려 해

오후 담배 한 대 당겼고
교문 나가 담배 한 대 피우고 오는데 8분
교무실로 달려가는데
덩치 큰 학생 길을 막고 나를 세웠다
봉사활동 시간에 반 학생들과
화단에서 풀을 뽑다가

범죄자를 발견한 형사처럼 다가와

거기 서 봐, 하듯이 길을 가로막고

실실거리면서

"쌤, 눈썹 문신한 거 맞지요."

덩치 크고 목소리 크고

화단에 앉아 있던 학생들 웃음 터지고

다시 물었다

"눈썹, 문신한 거 맞지요."

"궁금해?"

"당연하죠."

"따라와"

덩치 큰 학생 어깨에 손 올리고

중앙현관으로 들어갔다

다른 학생들은 뒤따라와 현관 창밖에서 힐끔거렸다

"확인하고 싶나?"

"당근이죠."

"보여주지, 눈 감으면."

오른손을 안주머니로 넣었다
"됐다. 눈 떠라"
학생의 눈앞에 주먹 쥔 손의
가운뎃손가락만 곧게 폈다

적멸보궁 가는 길

학교 근처 원룸 주차장에서 담배 피우다 걸린
학생 다섯 데리고
무풍한송길 걸어 적멸보궁 가는데
두 명이 보이지 않아 오던 길 되돌아
둘의 이름 크게 부르고 찾았지
계곡 옆 큰 바위 뒤에 몸 숨기고
담배 물고 피워대기 좋을 거 같아 보여
찾아가자
아이고야,
연기 길게 마시고 후하면서 내뱉다
나하고 눈이 마주쳐
둘은 연기 한 번 더 빨고
담배를 계곡물에 휙 던졌다
둘을 데리고 무풍한송길을 다시 걸었다
한 명은 중학교 때
어머니가 다른 남자를 만나
부산서 이사를 왔다고

한 명은 두 번째 만난 아버지가
머리카락을 움켜쥐고
책상 모서리에 머리를 찍었다고
세 명은 운동화를 구겨 신은 채
피곤해 죽겠는데, 왜 걷느냐고 투덜거렸다
부도탑, 성보박물관, 일주문을 지나면서
'이 녀석들이 적멸보궁에 가서 말썽 일으키면 어쩌나…'
했는데
다섯 명은
향 냄새, 염불소리 가득한
적멸보궁 안으로
들어가 노보살 따라 포단을 깔고
부처님 전에 절을 했다

아동 학대

동문회 날
운동장 가 천막 아래
앉아 있는데

어디선가 둔탁한 소리가 들렸다
학교 운동장 어디서 그런 소리가 나는지
둘러봤지만 찾을 수 없어
또 단단한 물체를 플라스틱 비슷한 물체로
때리는 소리가 들렸고

슬리퍼 뒷굽이
정수리에 꽂혔던
그날의 폭력이
남겨준 상처가 쓰려서
잠에서 깨어 벽을 보면서 울었던
그 밤의 공포가
운동장 가 천막 아래 있는

나를 찾아왔다

성인이라
그것도 지성인이
어린 영혼의 연약한 머리를
슬리퍼 뒷굽으로 내려치던
그날의 잔인이
동문회 날
운동장 가 천막 아래
앉아 있는 나를 찾아왔다

학생부장의 기도

학생부장,
그대가 교문 앞에 선 이유를 아는가

냉정하게 등 돌리고
달아나 버린 교과 진도만
서럽게 바라보다 울 힘마저
잃어버린 학생

이유조차 모른 채
누군가 내지른 주먹에
눈가에 풀물 같은 멍이 든 학생

이유조차 모른 채
발길질 날려
누군가 마음에
쑥물 같은 멍을 안긴 학생

또래들이
막은 틈
맨손으로 벌리려다
손가락에 피흘리고
영혼마저 피흘리며
소리 없이 목놓아 우는 학생

그들은 태양 아래 섰으나
늘
햇빛은 그들을 에둘러 갔다
심지어
한여름 땡볕 아래서도
그들은 떨었다

학생부장
그대의 눈 향할 곳 알았는가
학생부장

그대의 귀 기울일 곳 알았는가

그대의 눈으로

보이지 않는 학생들 작은 움직임을 뚫어지게 쳐다보라

그대의 귀로

들리지 않는 학생들의 속삭임을 터질 듯이 들어라

누군가 가린 곳을 찾아보고

누군가 막은 곳을 들춰내라

그대가 교문에 서 있는 까닭이라네

시골 학교!

주말에
정확하게 8시간 동안 시험 문제를 만들었다

월요일 1교시를 마친 뒤까지 머리가 지끈거려서 담배 피우러 교문을 나서 양산시 하북면 신평로를 걸으며 시골 학교 교사로 살면서 잃어버린 게 있는 거 같았다 농협이 있던 자리 사람들 눈에 띄지 않는 주차장 한구석, 석 달 넘게 서 있는 앞 범퍼 모서리 쪽에 녹이 낀 아반떼 운전석 옆에 쭈그리고 앉아 담배 피우다가 잃어버린 걸 골똘히 생각해봤다

체육관에서 어머니들하고 배구 연습을 하던 때가 생각났다 세터를 한 어머니가 있었다 강릉 근처가 고향이라 했는데 학교 다닐 때 배구 시합에 나가 서브만 넣어 9점인가 땄다고 어머니들 배구 연습할 때 서브 넣는 시범을 보였다 학교에서 "체육관을 사용하게 해 줘서. 배구 할 수 있어 참 좋다." 하고 말했다

강릉 근처가 고향이라는 어머니는 학급 어머니회 임원을 맡았다 체육대회 날 포카리스웨트, 게토레이를 넣은 봉지 두 개를 아들 손에 들려 보냈다 전화로 고맙다는 인사를 했는데, "별거 아닙니다." 하고 말했다 아들은 손재주가 좋아 담임 손을 덜어 주었다 교실 게시판에 그림도 그려 붙이고 체육대회 응원 도구도 만들었다 전교 학생회 부장을 하면서 그림을 많이 그렸다 대학도 디자인하는 데로 갔다

　그 아들이 군대 갔다 온 뒤 어머니가 입원했다고 전화했다 서울산보람병원으로 갔는데 아들은 웃는 시늉을 했고 어머니는 입술이 파랗게 식어가고 있었다 녀석의 등을 두드리고 나왔다

　아들은 그 뒤에 넥센타이어에 취직 원서를 냈다는 말을 들었다 넥센 타이어로서는 참한 일꾼 하나 얻겠다 싶었다

　주말에

정확하게 8시간 동안 시험 문제를 만들었다

담배를 피우러 교문을 나서 양산시 하북면 신평로를 걸으며 시골 학교 교사로 살면서 남은 게 뭔지 생각해 봐야 할 거 같았다

보광고

겨울방학이 끝날 때면
학생들보다 더 불안해져
새 학기가 시작할 때면 늘 그래
아는 사람이 전화로
김천 직지사 선원장 스님
보러 가는데 어때,

선원장 스님을 뵙고
삼 배하고 자리 잡았는데
우리보다 먼저 온 보살이 앉아 있었고
스님은 보살에게 자기소개를 한번 해 보라고
"저는 우주 지구 대한민국에서 제일 좋은 고등학교에서 일합니다."
"정말로요?"
"저는 우주 지구 대한민국에서 제일 좋은 고등학교에서 일합니다."

"정말로요?"
"예, 그렇습니다."
"고맙습니다. 제가 보광고 6회 졸업생입니다."

선원장 스님은 웃으며
보살과 내가 하는 이야기에 귀 기울이고

선생 김동하

코로나19로 개학 날은 연기되고
학년 교무실에는 남 선생 다섯이
마스크를 쓰고 원격수업 수업 준비하느라
줌 프로그램을 익히고 파워포인트로 수업 내용을
만들어야 했다

교육청 연수 한 시간 듣고 줌이란 걸
따라 하긴 했는데
줌 화면에 비치는 나를 내가 봐도
스피커로 들려오는 목소리 내가 들어도
참 참 소리만 나오고
혼자서 줌을 열었는데
내 개인 ID 시작 초대 복사 편집이 나오고
무엇을 눌러야 할지 자대 갓 배치받은 이등병처럼 당황해할 때
　선생 김동하는 군 생활 30개월 꽉 채운 병장처럼
　군화 소리는 내지 않고 선배 교사 등 뒤로 다가와

교육청 연수의 아쉬움을 달래주고 갔다

수업에 들어가 줌을 열고 학생들 앞에서
시치미를 뚝 떼고 수업을 시작했는데
거친 녀석이 화면에 형광펜 기능으로 낙서를 해대는데
하지 말라고 해도 낙서는 이어지고
화는 치솟아 오르고……
교무실로 돌아와 하소연할 때
선생 김동하는 녀석들 처단하는 방법을 알려주고는
군 생활 30개월 꽉 채운 병장처럼
군화 소리는 내지 않고 자기 자리로 돌아갔다

급식소에서

급식소에서 식판 들고
앞 사람 가는 대로 따라가면
조리 종사원 반찬 칸에
멸치 조림, 부추무침, 돼지 두루치기
주걱으로 흰밥
국자로 미역국

자리에 앉아
바닷속 떠다니다 그물에 걸려
물 밖으로 나와 햇빛 처음 보고
파닥거렸던 순간을 씹고
추위 피해 땅속으로 숨어들다
봄이 왔는지
고개 살짝 쳐들었던 순간을 삼키고
작은 철망에 갇혀 있다가
어느 날 차에 실려 가
좁은 공간에 부려진 뒤

전기에 감전돼 떨었던 순간을 질경거렸다

급식소에서 식판 들고
앞사람 가는 대로 따라가며
조리 장사원 받칠 칼에
열치 조리에 부추무침에

5부
백석 시를 다 읽지 못하고

백석 시를 다 읽지 못하고 147 | 구슬산 150 |
길 밖으로 나가면 152 | 웃음 154 | 소년 | 시 쓰기 159 |
그들이 살아가는 방식 162 | 착한 청소년들 164 |
회의(懷疑) 166 | 아스팔트 위의 고양이 168 | 지렁이 170 |
독인(讀人) 172

백석 시를 다 읽지 못하고

장맛비 사흘 내리쏟아지는 날
아랫목에 불 올리고
벽에 기대앉아 백석 시집을 펼쳐 들고

>   허준(許俊)
>
> 그 맑고 거룩한 눈물의 나라에서 온 사람

까지 읽고 있는데
친구 전화
비도 오는데 돼지고기 주물럭에 소주 한잔, 어때

원형 탁자 가운데 연탄 화덕이 있는
돼지고기 주물럭집으로 가
방위, 육군, 해병대 갔다 온 친구 셋 만나
돼지고기 주물럭 불판 위에서 지글거릴 때

소주 마시고 주물럭 우물거리며

아내 흉, 월급, 직장 선배 욕, 직장 후배 욕, 주식 이야기

주물럭이 얼마 남지 않았을 때

가슴께 ROK ARMY가 쓰인 검은 면티를 입은

알바생이 다가와

"뭐, 필요한 거 없어요."

방위 마친 친구 ROK ARMY를 보고

"군 생활 생각난다. 건배,"

불판 위 돼지주물럭 대신 군대 이야기 지글지글

방위 갔다 온 친구

유류 창고에 끌려가 머리 박고

육군 갔다 온 친구

진지 보수 공사 나가 참호 안에서 머리 박고

해병대 갔다 온 친구

상륙 훈련 나가 장갑차 안에서 머리 박고

백석 시를 읽다가 와서 그런지
친구들은 눈물의 나라에서 온 사람들 같아 보여
대한민국 군대는 머리 박은 군인들만 있는 것 같아
백석 시를 다 읽지 못하고 와서 그런지
군대에서 후임을 때렸던 순간을 꺼내려 했는데
맑고 거룩한 눈물을 흘릴 거 같은
친구들의 얼굴을 보면서……

구슬산

동네 동쪽 벌 지나
논길 쭉 따라가면 나오는
구슬처럼 생긴 산
동무들은 구슬산
어른들은 옥산

초등학교, 읍사무소, 극장, 장터, 군청을 지나면
공군부대 비행장
동무들은 뱅장
어른들은 제3훈련비행단

초등학교 여름방학
냇가에서 놀다 오면
뱅장서 온 굴삭기가 구슬파고
뱅장서 온 트럭 구슬 부스러기 싣고 뱅장으로
구슬산 반쪽
뱅장 두 배

초등학교 동문회 날

구슬산 있던 자리 차지한

대기업 사원 아파트를 보며

구슬산 반쪽은 어디로 갔을까

길 밖으로 나가면

등산길에 펼침막이 걸렸다

등산객 여러분,
등산로 외 풀숲으로 가면 뱀이나 독충이 있어 위험합니다.
등산로만 이용하세요.

가끔
성공한 거처럼 보이는 사람들은
텔레비전에서 유튜브에서
자기는 길 밖으로 나가
풀숲을 걸었노라고
때로는 길 밖으로 나갈 필요가 있다고
그들의 자랑을 들으며
길 위로 뱀이나 독충이 나오면
어떻게 해야 하는지 묻고 싶었지만
내 말은 그들에게 들릴 리 없었고

풀숲으로 다녀야 할 거 같았던
뱀이나 독충이
길 위로 나오기도 했고
길을 가던 사람들은 오또캐, 하면서
징징대고
간혹
뱀이나 독충을 잡는 사람이 있었는데
나중에
뱀이나 독충은 사람인 거로
밝혀져
그것들을 오또캐, 하지 않고
잡았던
사람 몇은
가던 길이나 제대로 가지 않았다고
풀숲으로 던져지기도 했던 거 같아

웃음

나는 야
웃지 못하는 병신

최근에
웃은 적이 있었는지?

아, 웃은 적이
직장 회의할 때
웃긴 웃었는데
아스팔트 위로
떨어지자마자 흘러 가버리는
빗물처럼
영혼 적시지 못하는 웃음

어릴 적 동무들하고
발가숭이로 고추 달랑거리며
냇물에

몸
영혼 적시며 웃었는데

어른 되어
양복 입고
속마음 꼭꼭 감추고
웃음 말라가고
영혼 말라가는
직장에서
퇴근 시간을 기다렸다

소년

 급식소에 짜장면이 나온 날이었다 조리 종사원은 면이 담긴 국그릇에 짜장을 부었는데 식판으로 짜장이 넘쳐흘렀다 젓가락으로 짜장을 헤쳐 가면서 면을 건져 먹어야 했다

 앞 식탁에 소년이 다가와 앉았다

 등굣길에 맥도날드 햄버거 세트를 들고 오던 교문 지도 하던 교사가 학교로 들어가라 했는데 교문 반대쪽으로 걸어가던 교사가 서라고 하면서 따라가는데도 갈 길을 가던 며칠 전 또래한테 주먹으로 져 본 적 없다고 실실거리던 소년이었다

 우동 국물 마시듯 짜장국을 마시고 한 그릇 더 받으러 배식구로 걸어갔다

 뒤통수가 찌릿한 게 이상해서 돌아봤다 짜장면을 받으러 가는 소년의 뒷모습을 노리는 눈동자가 보였다 짜장면

을 받아오던 소년은 멈칫하면서 눈동자의 눈치를 살피기 시작했다 눈동자가 급식소 밖으로 나가고 소년은 한 번 더 받아온 짜장면을 잔반통에 버리고 눈동자의 뒤를 따랐다

그들의 뒤를 바짝 따라붙어 걸었다 눈동자는 소년보다 두 학년 위로 선배도 교사도 어른도 힘이 약하면 시시하게 봤다 눈동자를 앞질렀다 눈동자에게 왜 소년을 데리고 가느냐고 물었다 눈동자는 대답 대신 위아래로 훑었다 눈동자에게 다시 질문하지 않았다 소년에게 따라오라고 했다 눈동자가 소년을 불렀다 소년은 눈동자의 눈치를 살피며 지시를 따르지 못하고 있었다 눈동자의 이름을 부르며 "소년은 내가 데리고 간다고 했다."

눈동자가 우리 뒤에서 말했다

"아침에 햄버거 들고 올 때 여선생은 왜 달고 왔어. 수업 마치고 한번 보자."

눈동자를 돌아보며 무장해제를 당한 군인의 심정을 헤아리며 하늘을 한 번 올려다보고 숨을 크게 들여 마셔야 했다 소년을 데리고 교사 휴게실로 와서 믹스 커피를 한 잔 타 주었는데, 며칠 전 소년의 모습은 보이지 않았다 휴게실 창문 너머로 자신을 노려보는 눈동자를 계속 살피고 있었다

시 쓰기

시를 썼고
신춘문예에 응모했는데
시를 썼고
문예지에 보냈는데
당선된 적 없었지
시를 썼지
시집을 낸 적 없었지

하여튼
학생들과 같이
교과서에 나온 시를 읽고 나면
백팔 배하고
등산하면서 정상에 올라
오염된 마음을 씻어낸 기분이 들어
3년 전부터 시 쓰기 수업을 하고
학생들에게 시를 쓰라 하고
말하지 않고

글로
그림을 그리고
사진을 찍고
동영상을 촬영하듯이
쓴 학생들 시를 보여주었다
참,
축구는 손흥민이만 하는 게 아니라고
노래는 임영웅이만 부르는 게 아니라고
시는 정호승이만 쓰는 게 아니라고

올해
시 쓰기 수행평가를 끝내고
교무실로 돌아와 학생들이 쓴 시를 펼치자
글로 그린 그림, 찍은 사진, 촬영한 동영상이 보이는 걸
이거, 혼자만 보면 무슨 재미지겠느냐 싶어
퍼뜩
시집으로 엮어

자랑질하고 싶었어

그들이 살아가는 방식

교문 앞 좁은 도로는 위험했다. 학생들은 쏟아져 나오고 시외버스 기사는 셔틀버스가 정차한 걸 보며 경음기를 울려 댔다. 그 뒤 승용차 운전석에 앉은 남자도 버스 기사를 따라 했다. 그런데 셔틀버스를 타는 학생들은 버스로 바로 오르지 않았다 뜻이 맞는 몇 어울려 독거노인들이 사는 지붕이 낮은 집이 있는 골목으로 들어가 담배 피우고 바닥 침 뱉고, 피운 담배 발로 비비고는 느린 걸음으로 버스로 돌아왔다.

몇이 골목에서 담배를 피우는 동안에 올해 졸업한 학생, 그러니까 학교 다닐 때 골목에서 담배를 피웠던 졸업생은 SUV 차 운전석에 앉아 창문을 열고 담배를 피우면서 학교 앞 좁은 도로를 정확하게 다섯 번 왔다 갔다. 작년에 졸업한 학생, 그러니까 학교 다닐 때 골목에서 담배를 피웠던 작년 졸업생은 차 유리를 진하게 선팅한 BMW 승용차를 좁은 길에 세우고 운전석에 앉아 담임했던 교사를 외면하고 3학년 남학생 몇을 조수석으로 불러 이야기했다. 시외버스 기사는 경음기를 울렸다. 버스 뒤 승용차 운전석에 앉은 남자도 버스 기사를 따라 했다.

늙은 버스 기사는 시외버스 기사의 경음기는 무시하면서 버텼는데, 학생들 눈치를 보며 버스 출발 시간을 한참 넘긴 뒤 액셀러레이터를 밟았다.

착한 청소년들

학교 정문 앞 셔틀버스가 다가왔다
버스 기다리던 교사 둘
오십 구세 오십삼 세
버스가 멈추자 버스 문 앞으로 걸어갔다
오십 구세 교사
버스에서 내려오는
열일곱, 열여덟 학생들에게
"교문으로 바로 들어가거라."
열일곱, 열여덟 학생들은
오십 구세 교사
얼굴 한 번 보고 교문 반대편
학교 근처 원룸촌으로 걸어갔다
오십삼 세 교사가
"거기는 정문이 아닌데, 어디로 가는데."
학생들에게 일곱 번 정도 사정했다.
오십삼 세 교사는
열일곱 살 학생의 팔을 잡고 교문을 가리켰다

열일곱 살 학생은
오십삼 세 교사를
훑어보며 "씨팔"하면서 팔을 뿌리치고
앞서간 열일곱, 열여덟 학생들 뒤를 따랐다

오십 구세, 오십삼 세 교사 둘은
열일곱, 열여덟 학생들 뒷모습을 보면서
원룸촌 주민들의 민원전화를 떠올렸다
원룸 주차장에서 학생들이 담배 피워대 괴롭다는

회의(懷疑)

박은

제약회사 영업팀장

새 사장은 사장실에서 아침마다

회의를 열었는데

사각형 탁자 옆에 커피메이커 들여놓고

회의 시작되기 전

원두커피 뽑아

팀장들을 기다렸다

박이 아침 회의 들어가면

인사팀장은 "사장님, 커피 향 참, 좋아요." 하면서

"지난밤 아이가 아파서 응급실에 가느라……."

거래처 병원장의 상가에 가지 못한 까닭을 말했고

내기골프에 빠진 기획팀장은

원두커피 홀짝이면서

"영업전략을 새로 기획해서 영업팀에 알려주었는데,

박 팀장이 실행에 옮기지 않아……."

박은
그러니까
어쨌든
회의에 참여하긴 했는데
커피잔만 손에 들고 있다 나왔다

아스팔트 위의 고양이

퇴근길 주차장으로 가는 길에
뒷바퀴에서 새끼 고양이 한 마리가
튀어나왔다
내가 운전석 문을 열 때까지
두세 걸음 떨어진 곳에서
멀뚱히 쳐다보는 게 아닌가?
손 내밀어 오라고 몇 번 불렀는데
앵, 하면서 오지 않았다
차 문 닫고 시동을 걸었다
고양이가 바퀴 쪽으로 올지 몰라
창밖을 보는데
주차장 아스팔트 바닥에 드러누워
네 발을 허공으로 쭉 뻗고
고양이는 주인을 선택한다는 말을 기억하며
차 문 열고 주차장 아스팔트 위로 내려가
다시 손 내밀어 오라고 불렀는데
앵, 하면서 쳐다보는 거 아닌가?

태어난 지 세 달 정도 된 거 같고
어미 품을 떠나 홀로 먹이를 찾으러 다닌 듯
앙상한 게 꼭 데려가야 할 것 같아
손을 더 뻗고 앵, 하면서 애절하게 불렀다

그때
여고생 몇이
"너무 귀여워."하면서 달려오고
고양이는
차가 달려오는 국도 쪽으로 달아나 버렸다

그 뒤
퇴근길에 뒷바퀴를 살피는 버릇이 생겼다
고양이가 주인을 선택한다는 말을 다시 기억하면서

지렁이

비 내리는 날
출근길 가방 메고 우산 들고
아파트 공동출입구 나가는데
대리석 바닥에 지렁이 쓰러져있어
구둣발로 지렁이 슬쩍
지렁이는
몸 빠르게 움직이면서 대문자 S
몸 말면서 대문자 O
몸 빠르게 움직이면서 대문자 S
휴대 전화 꺼내
출근 시간 확인하고
손가락으로 지렁이 집었다
지렁이는 끈적한 액체 뿜으며 빠져나가
어짜꼬, 하는데
103호 집 문고리에 걸린
비닐봉지 안 광고지가 보였다
광고지 꺼내 지렁이 올리고

지렁이는 광고지 위에서도
S O S
광고지 접어
공동출입구 나와
화단으로 갔다
아파트 생기기 전
굴삭기 엔진 소리 처음 들었던
지렁이 조상들의 탄식을 따라하며
지렁이를 화단에 내려놓았다

독인(讀人)

뭐라고 말할까
그래, 책을 한 번쯤 읽었을 거야

서울에서 가 볼 만한 장소를 이야기하는
제목인 책을 사서 읽었단 말이야
경복궁, 광화문, 덕수궁 이야기로 시작하면서
거기로 가는 버스길, 지하철 길, 승용차 길도 알려주다가
갑자기 영국 런던 여왕이 사는 집 이야기를 하면
저자의 논리와 사고를 의심하면서 황당하겠지
그러나 걱정하지 마!
안 읽으면, 그만이니까

그러니까,
다 큰 사람들은
대체로 술을 마신단 말이야
꼭꼭 숨겨 놨던 걸 술에 취하면 풀어놓기도 하니까
말을 안주로 삼고 1차, 2차

술병은 쌓여가지
그러곤 그 자리에 있었던 사람들은
다 말에 취한단 말이야

그 뒤
말을 한 사람은
말이 자기라고 믿고
말을 들은 사람들은
말이 그 사람이라고 믿어 버려
말에 취해
그의 행동은 보이지 않는다는 게
걱정이야
그 사람이
그대의 부하, 동료, 상사가 되면
말이야
그러면
안 읽고 싶어도

그럴 수 없다는 게
참, 그래

시인의 비망록

사람의 일은 알 수 없어서

　직장에서 일이 주어지면 물러선 적이 없었다. 게다가 영리하지 못해서 그냥 부딪치면서 해결하는 게 적성에 맞았다. 당연히 악역도 담당하게 되어 대다수 교사가 피하는 학생부장을 3년이나 했다. 그뿐이 아니었다. 액셀 프로그램을 잘 다루지 못하면서도 학교 시간표를 관리하는 업무까지 맡아 심한 스트레스에 시달리기도 했다. 그런 과정을 거쳐 인사위원회의 추천으로 고 3부장이 되었다. 고3 부장 업무는 학생들 장래가 달린 일이라 망설여졌지만 이 또한 성격대로 받아들었다. 사람의 일이니 부딪치면서 해결해 보자고. 그래도 능력부족이면 물러나면 된다고. 그렇게 고3 부장을 3년이나 하게 되었다. 그리고 어느덧 무사히 완주한

마라토너처럼 고3 부장 자리를 비워 줄 시간이었다.

 그 시점에 이르자 한 가지 다짐이 앞섰다. 이제 다시 또 다른 일을 맞이하기 위해 체력단련에 집중해야한다고. 실제 그 체력단련 시작일은 수능 다음날이었다. 마침 학교 개교기념일이기에 아침을 대충 때운 뒤 집을 나섰다. 통도사를 품고 있는 영축산으로 향했다. 23년째 숱하게 올랐던 산이었다.

 그런데 어찌 된 일인지 등산 시작 30분쯤 지나자 위장 부위가 따끔거리면서 가슴이 답답했다. 급성 위염이라도 생긴 건가, 배낭에서 생수를 꺼내 마셨다. 그러자 속이 진정되면서 가슴도 다소 뚫리는 기분이었다. 다시 정상을 향해 올라갔다. 물론 찜찜한 기분이 사라진 것은 아니었다. 아침을 제대로 먹지 못해 그런 것 같았다. 정상에서 점심을 먹었던 평소와 달리 우선 김밥이라도 한줄 먹어야겠다는 생각에 해발 800미터 취서산장으로 들어갔다. 산장의 지킴이 부부가 나를 반겼다.

 커피믹스 한잔을 마시면서 동쪽의 울산 앞바다, 동남쪽의 천성산, 남서쪽의 낙동강 줄기와 부산 다대포를 바라보았다. 한결 마음이 편안해졌다. 김밥이 들어가자 따끔거리는 증세도 없어지고 힘도 솟아나는 거 같았다. 지킴이 부부의 환송을 받으며 다시 정상으로 올랐다.

그리고 나는 불과 5분정도 뒤에 심장 부위를 두 손으로 누르며 발걸음을 멈췄다. 마치 거인의 손이 목과 빗장뼈 사이를 뚫고 들어와 내 심장을 꽉 움켜쥐고 비틀어 대는 것 같은 고통이 덮쳤다. 이런, 젠장! 텔레비전에서나 보던 일이 나에게 생긴 거였다. 누구보다도 튼튼한 심장을 가졌다고 여겼었는데, 그것도 하필이면 평일이라 사람도 없는 곳에서 이렇게 되다니.

산 정상 부근 900미터에서 119에 연락하면 대원들이 올라오는 시간이나, 내가 내려가는 시간이 비슷할 거였다. 구조 헬기가 날아오더라도 내가 있는 곳은 소나무 숲이라 헬기가 착륙하기도 어렵고 구조대원들이 내려오기도 만만찮은 곳이었다. 설사 산장에서 도움을 청한다고 해도 시간이 걸리긴 마찬가지였다.

나는 어깨를 들썩이며 최대한 규칙적으로 호흡을 했다. 온갖 생각 끝에 스스로를 추스르며 조심스레 내려가기로 했다. 그래도 내리막이라 힘이 덜 들었다. 다행히 거인은 내 심장을 움켜쥔 손에 더 이상 힘을 가하지 않았다. 심장이 서서히 규칙적으로 뛰기 시작했다. 나는 안심할 수 없었지만 그래도 나 자신을 믿기로 했다. 평소에는 50분 걸리는 하산길인데, 훨씬 속도를 늦춰 무리하지 않고 천천히 걸었다. 오직 축서암에 세워둔 내 차까지 가서 직접 병원으로 가야한다는 사실에만 집중했다.

    드디어 통도사 소속 암자인 축서암 근처 소나무 숲이 보이기 시작했다. 이제 살았다! 숲을 벗어나자 까만색 내 차가 바로 보였다. 안심이 되었다. 차에 올라 시동을 걸고 출발했다. 그런데 희한한 일었다. 따뜻한 히터에 몸이 녹으면서 심장도 녹는 듯 편안해졌다. 언제 그랬느냐는 듯 거짓말처럼 멀쩡했다. 정상으로 돌아와 일정하게 잘 뛰는 느낌이었다.

    차에 오르면 그대로 병원으로 가자고 다짐했던 마음이 사라져버렸다. 내일 가도 되겠다고 판단했다. 친가 외가 어른들과 친척들을 떠올리며, 그들 중 심장에 이상이 있었던 사람은 없었다는 생각까지 했다. 나 역시 심장에 문제가 있었던 적이 없고, 개인 병원도 문 닫을 시간이 다 되었으니, 하고 스스로를 합리화시켰다.

    집으로 돌아와 산에서 있었던 일을 까맣게 잊고 저녁을 먹으면서 반주까지 곁들였다. 다음날이 주말이라 넷플릭스에서 영화 한 편을 골랐다. 영화가 끝나자 시간은 자정을 가리키고 있었다. 바로 그 때쯤이었다. 거인의 손이 또다시 내 목과 빗장뼈 사이로 들어온 것이. 이번에는 사정을 봐주지 않았다. 가차 없이 심장을 잡아채 비틀기 시작했다. 안방에서 잠든 아내와 각자 방에서 잠든 딸들이 놀랄까봐 터져 나오는 비명을 최대한 낮췄다. 그리고 거실 바닥을 굴렀다. 조금 뒤 잠잠해지겠지 하며. 그러나 어림없는 일이었다. 이번엔 거인의 손이 쉽게 놔주지 않았다.

그런 고통 속에서도 머릿속으로 떠오르는 것들이 있었다. 빨리 되감기를 하는 것처럼, 그러나 너무나 명징하게. 짐승을 유달리 좋아했던 어린 시절부터 나를 잃어버렸다가 되찾았던 일, 교사 생활을 지탱하게 해 줬던 고마운 대상들, 작가가 되기 위해 노력했던 매 순간들, 평생 시인이 되고 싶었던 어머니, 영원히 놓을 수 없는 아내와 딸까지.

돼지를 기르며

1979년 나는 11살이었다. 동화책 대신 농업고등학교 교과서인 가금, 중소가축, 대가축 등을 읽었다. 장날이면 가축시장에 가는 게 취미였다. 어느 해 설날, 세뱃돈 받은 나는 그동안 모은 돈을 세 보았다. 3만원이었다. 어머니는 그 돈으로 뭘 할 건지 물었다. 나는 돼지를 사서 기르겠다고 했고, 어머니는 장난으로 받아들였다.

그해 여름방학이 되면서 온몸이 새까맣고, 네 발목이 희고, 이마에 흰점이 박힌 새끼돼지의 주인이 되었다. 매일같이 사료와 쌀 등겨를 섞어 새끼돼지에게 주었다. 새끼돼지는 가는 꼬리를 흔들면서 그것을 맛나게 먹었다. 나는 돼지의 털이 점점 더 윤기가 흐르는 걸 보는 게 무척 즐거웠다. 흠뻑 재미를 느끼며 돼지를 돌봤다. 환풍구에 모기장을 둘러주기도 했고, 대나무로 등 긁개도 만들었고, 매일 배설물을 비료부대에 담아 자전거에 싣고 논 옆의 거름 터에 가져다버렸다. 동네 어른들은 그런 나의 모습을 보고 살림꾼이라고 칭찬했다. 겨울에 돼지가 크면 10만 원은 족히 받겠다고 했다.

그러나 여름방학이 끝나자 매일 돼지우리를 치울 수는 없었다. 대신 주말에는 온힘을 다해 매달렸다. 그렇게 점점 커가는 돼지를 보면서 뿌듯했다. 겨울에 손에 들어올 십만 원을 떠올리면 없던 기운도 솟았다. 그런데 1979년 겨울, 돼지 값 파동이 일어났다. 집 근처에는 도시에서 사업하다가 실패해 돼지 이 백 마리를 키워 재기하려는 사람이 있었다. 나는 가끔 그를 찾아가 돼지 키우는 걸 지켜보곤 했는데, 겨울 방학이 되면서 헐값에 팔려나가는 돼지들을 보고 눈물을 쏟는 그를 목격했다.

그리고 얼마 뒤, 나 역시 눈물을 쏟고 말았다. 겨울 방학이 끝날 즈음 한쪽 턱 밑에 혹이 달린 돼지 장사가 나무 꼬챙이를 들고 집으로 들어오는 것이었다. 나는 그를 보면서 어른들끼리 이미 이야기가 끝났다는 걸 알 수 있었다. 돼지 장사는 나무 꼬챙이로 마당을 내려치며 말했다. 돼지 값이 올라가려면 한참 멀었다고, 더 먹여 봐야 생고생일 뿐이고 사료 값 제하고 나면 남는 게 없을 거라고. 그러곤 나에게 만 원짜리 석 장을 내밀었다. 3만원에 사 온 돼지를 7개월 동안 키워서 3만원에 팔다니, 나는 속상했다. 우리 밖으로 나와 엉덩이에 회초리를 맞으며 대문을 나서는 돼지를 보면서 나는 펑펑 눈물을 흘렸다.

　경제적으로 보면 나는 실패한 돼지 주인이 맞았다. 그러나 나는 결코 실패한 게 아니었다. 주변에서 돼지를 잘 기른 소년으로 나를 기억했다. 또한 농고에 가서 기웃거리며 배운 것이 많아 가축에 대해 전반적인 지식을 갖췄다고 나를 칭찬했다. 한 친척 어른은 병아리를 살 때 나를 데리고 가기도했다. 병아리 암수를 구분할 줄 알았기에. 그는 다 키운 닭을 팔러 갈 때도 나를 데리고 갔다. 가축 시장을 둘러보면서 장사꾼들이 어떻게 흥정하는지 알고 있었기에. 어쨌든 친척 어른들은 나를 데리고 가축시장에 다녀올 때마다 칭찬을 하며 용돈을 챙겨주었다. 나는 책을 읽으며 가축에 대해 더 많은 것을 알아갔다. 12세에는 유정란을 구해 포란 활동을 하는 암탉에게 넣어주면서 병아리 부화와 암탉이 병아리 기르는 과정을 관찰했다. 그런 경험이 쌓이면서 나는 자신감이 두둑한 소년으로 자라났다.

경계인이 되어

중학교 때까지도 자신감이 두둑했던 나는 불행하게도 고등학교에 입학하자마자 단번에 모든 자신감을 잃어버렸다. 그것도 또 다른 나를 찾으려고 큰맘 먹고 간 곳에서. 나는 입학성적이나 배치고사 성적으로 보면 요즘 말로 '인서울'도 하고 남을 학생이었다. 그랬는데, 초반의 어수선한 분위기를 잡으려는 듯 수업에 들어온 교사가 고함을 질렀다. 조용히 해! 동시에 뒤에 앉은 학생이 나를 불렀다. 내가 돌아보면서 뭐라고 한 거 같았다. 그때 "고개 돌린 너 나와." 하는 소리가 들렸다. 나가면서 최소 다섯 대는 맞겠다 싶었다. 그 시절에는 교사의 체벌이 흔했다. 대다수 학생은 교사가 체벌하면 그냥 맞았다. 체벌이 끝나면 고개 한번 숙이고 자리로 돌아갔다.

역시 손바닥이 내 뺨으로 사정없이 날아들었다. 때리는 횟수가 내가 예상한 숫자를 훨씬 넘어섰다. 맞은 부위를 계속 맞자 더 아팠다. 손바닥으로 볼을 감싸며 말했다. 잘못했습니다. 그런 뒤에도 계속 맞았다. 교실은 정적이 흘렀다.

오직 내 뺨 맞는 소리만 들렸다. 입학 초반에 낯선 아이들 앞에서 맞고 있다는 게 창피했다. 앞으로 반 아이들을 마주 볼 자신이 없었다. 고등학생이 되어 친구들을 만들기도 전에 만신창이가 되어버린 셈이었다. 체벌이 끝나고, 눈물을 흘리며 자리로 돌아와 수업이 끝나기만 기다렸다. 이제 어떻게 학교를 다녀야할지 막막했다. 오로지 수업 마치는 종소리가 울리면 바로 학교를 벗어나야겠다는 생각만 하고 있었다.

 나는 초중학교 9년 동안 개근을 했다. 아무리 아파도 학교에 갔고, 조퇴 한 번 하지 않았었다. 그것이 나였다. 그랬던 내가 눈물을 흘리며 학교를 뛰쳐나왔다. 뒤에서 교사들이 잡으러 오는 건 아닌지 돌아보면서 달려 나갔다. 마침 교문 앞에 택시가 있었다. 쫓기는 사람처럼 택시를 탔다. 기사는 얼굴에 눈물이 얼룩진 나에게 어디로 갈 것인지 물었다. 나는 아무 말도 못 했다. 다시 기사가 물었을 때서야. 어릴 적 자주 갔던 농고 이름을 댔다. 실습장에서 여물을 되새김질하는 소, 날개를 치면서 목을 길게 빼고 우는 수탉이 떠올랐다. 그런 가축을 보면 위로가 될 것 같았다. 그러나 내가 좋아하는 그 가축들 앞에서도 마음은 편하지 않았다.

 며칠간 학교에 가지 않았다. 집안이 발칵 뒤집혔다. 학교에서 있었던 일은 말하지 않고, 그냥 적성에 맞지 않아 검정고시를 준비하겠다고 했다. 내 의견을 받아주지 않으면 학교에 가도 공부는 안 하겠다고 했다. 내 의견은 받아들여지지 않았다. 다시 학교에 가야 했다. 아무 일도 없었던 것 같은 표정으로 교문을 지나 교실의 내 자리로 갈 때까지의 발걸음은 참 으로 무거웠다. 속은 쓰렸고 서러움에 눈물이 날 거 같았다. 그래도 자존심 때문에 울지 않았다.

나는 진짜로 공부를 하지 않았다. 자퇴하고 검정고시 보겠다는 나를 믿어주지 않아서라고 고집을 부렸다. 버스를 타고 학교에 도착할 때까지도 수십 번 더 그냥 내리고 싶었다. 수업 시간에는 칠판 대신 창밖 허공을 바라보고 있었다. 학교에서 도시락 먹고 숨만 쉬다가 집으로 돌아가는 학생이 되어 갔다. 참 얄궂게도 때론 존재감은 찾고 싶어 수업 시간에 헛소리를 한 번씩 해댔다. 아이들이 웃어주면 그것으로 만족했다. 그러면서 나는 학생도 아니고, 그렇다고 학생 아닌 것도 아닌 학교생활을 했다. 그 어느 쪽에도 완전하게 속하지 않는 경계인으로 살았다.

나를 찾아 돌아 돌아온 길

 그때 내 몸은 내 심리 상태가 그대로 투영되어 있었다. 키는 180센티미터에 몸무게는 58킬로미터였다. 비쩍 마른 나는 동기들이 수학 정석과 성문 종합 영어를 반복해서 보고 있을 때 잠만 잤다. 그러면서 그대로 숨이 멈추길 바랐다. 결국 나는 대학에 진학하지 못했다. 졸업식 날 졸업장 한 장 달랑 받았다. 공부 한 번 제대로 못 해 보고 고등학교 생활을 끝낸 것이 몹시 억울했다. 졸업식을 마치고 교실로 가자 학교 신문 비슷한 걸 나눠주었다. 서울대학교에 합격한 스물일곱 명 정도의 동기들 사진이 실려 있었다.
 스스로 뒤처진 삶을 선택한 거였지만 나는 막상 대학 미진학자가 되어 교문을 나서자 마음이 아렸다. 졸업한 뒤에도 이렇게 살아가면 안 될 거 같았다. 교문을 나서면서 어머니에게 말했다. 두고 봐라, 나 이 학교 교생으로 꼭 올 거다. 어머니는 그리해라, 하고 말했지만 미더운 표정은 아니었다.
 그때 내가 왜 그런 말을 했을까. 나는 동기들과 교사들에게 내가 찌질한 인간으로 기억되는 게 자존심이 상했다. 또한 쓸데없는 오기로 나의 초중학교 9년간의 노력과 성취가 사라져버렸다는 사실이 견딜 수 없었다. 교생으로 이 학교에 다시 와서 후배들에게 한마디라도 해야 고등학교 시절의 어리석음에 매몰되지 않을 것 같았다.

교생이 되려면 사범대나 최소 교직과정을 이수해야했다. 나는 바로 재수학원에 등록했다. 그러면서 굳게 다짐했다. 또다시 대학 미진학자가 되는 비참한 신세가 될 수 없다고. 학원수업이 끝나면 바로 집으로 가 공부했다. 당구장 쪽으로는 눈길도 발길도 돌리지 않았다. 나는 학력고사 날까지 단 한 번도 허튼짓을 하지 않았다. 어릴 적부터 목표를 설정하면 끝을 보던 나를 다시 확인할 수 있어서 기분이 좋았다.

10년 뒤 나는 교생으로 후배들 앞에 섰고, 3주째 혼자 수업에 들어갔다. 처음부터 다짜고짜 반갑다. 너희들 선배다, 하고 반말을 했다. 잡담 좀 하자면서 방황했던 내 학창시절을 들려주기 시작했다. 후배들이 처음엔 저건 뭐야? 하는 눈빛으로 나를 쳐다봤지만, 점점 더 내 이야기에 빠져들었고, 나중엔 고개를 끄덕이며 웃고 공감했다. 졸업식 날 교문을 나서며 다짐했던 10년의 전 각오가 현실이 된 반가운 순간이었다. 그동안 힘겹게 돌아 돌아온 10년의 노력을 보상받는 기분이 들었다. 교생실습이 끝나는 날, 나는 집으로 돌아와 넥타이를 풀고 혼자 맥주를 마셨다. 그리고 오랜만에 깊은 잠을 잤다.

그리고 지금 여기

역시 사람의 일은 알 수 없었다. 내가 119에 직접 전화를 거는 일이 일어나 버리다니. 나는 심장이 멈출 거 같으니 빨리 와 달라며 집 주소를 알려준 뒤, 안방으로 들어가 패딩을 입고, 가슴을 움켜쥔 채 아파트 공동현관으로 나가 119를 기다렸다. 그리고 3일 뒤에야 집으로 돌아왔다. 그 3일 동안은 꼭 무엇에 홀린 것 같았다. 혼미한 상태라서 무슨 일이 있었는지 또렷이 기억나지 않았다. 어쨌든 나는 한 번 더 생의 기회를 얻은 셈이기에, 바로 담배를 끊었다. 술도 일체 마시지 않았다. 대신 매일 아침 약을 먹는 생활이 시작되었다.

지난여름까지만 해도 나는 영축산 정상까지 가뿐히 올라갔고, 가뿐히 뛰어서 내려왔다. 그런데 이제는 가뿐히 오르내리는 것이 불가능한 일이 되어버렸다. 새삼스레 영축산이 나에게 얼마나 큰 의미였는지 알 수 있었다. 나는 영축산이 없었다면 생활은 지탱할 수 없었을 것이다. 평생 교사로 살자면 동료, 학생, 학부모들과 갈등은 있기 마련이었는데, 청소년시절에 경계인으로 살았기에 나에겐 그 갈등을 처리하는 능력이 부족했었다. 그로인해 감정이 앞서 일을 그르친 적이 많았다. 그럴 때마다 스트레스가 심한 나는 영축산으로 향했다. 영축산은 어린 아들의 응석을 들어주는 어머니 같았다.

어쨌든, 매일 아침 약을 먹는 신세가 되었다고 모든 것을 포기할 수 없었다. 결국 과거도 미래도 생각하지 않고, 내가 있는 지금 그 자리에만 집중하기로 했다. 그런 결심을 하기에는 예전의 경험이 많이 작용했다. 10년 전, 나는 느닷없이 중학교로 전출된 적이 있었다. 관리자들과 면담 한 번 하지도 못하고 통보문자 한통을 달랑 받고 중학교로 가야 했다. 그렇게 내 거처가 결정되는 게 어처구니없었다. 그래도 나는 얼마간의 갈등 끝에 경계인 시절에 읽었던 책 속의 문장 하나를 떠올렸다. 경험을 삶에 활용하지 않으면 쓰레기를 쌓아두는 것이고 활용하면 재산이 된다.

그랬다. 나는 이 쓰라린 시간을 의미 있게 만들고 싶었다. 제일 먼저 작가가 되고 싶다는 오래전부터의 꿈을 떠올렸다. 일단 열심히 노력해 책 10권을 써보자고 다짐했다. 나는 그 뒤로 책 세 권을 냈다. 그 첫 번째가 2017년 출간한 장편소설 '디그요정'이고, 두 번째가 교육에세이집 '울지않는 아이', 그리고 세 번째가 시집 '시집에서 시가 흐르면'이었다.

경계인에서 새로 태어나듯 교사가 된 뒤부터 나는 꾸준히 시와 소설을 썼다. 순전히 어머니의 영향이었다. 72년 전, 어머니는 일어로 번역된 러시아 문학작품을 읽으면서 시를 쓰는 19살 소녀였다. 어머니는 고3여름방학이 끝나는 즈음부터 학교에 갈 수 없었다. 해가 바뀌며 남한으로 피난을 왔고, 열흘만 있으면 강원도 고성군 고성읍 봉수리 고향집으로 돌아갈 거라고 굳게 믿었었다. 그러나 72년째 돌아가지 못했다. 대신 고향에 대한 그리움을 시를 쓰면서 달랬다.

  나는 대학생 때 어머니의 그 1.4후퇴 때의 사연을 적어 과제로 제출한 적이 있었다. 그리고 교수에게 칭찬을 받았다. 어머니도 그 사실을 알고 무척 좋아했다. 그런 어머니의 모습을 보며 막연히 작가되면 참 좋겠다는 생각을 했다. 그리고 얼마 뒤 교지 현상공모에 소설이 당선되어 전액 장학금을 받게 되자 나는 그 어느 때보다도 기뻐하는 어머니에게 약속했다. 문예지나 신춘문예에 당선되어 소설가가 되겠다고. 그 목표는 졸업 뒤에도 변하지 않았다. 시를 쓰면서도 틈틈이 소설을 써 응모했다. 그러다 몇 해 전, 지방 신문사의 신춘문예에 2년 연속 최종심까지 올랐다. 노력이 헛되지 않아 위안이 됐다.

  어느덧 어머니는 요양병원에서 지내게 되었다. 그리고 나는 어머니와의 약속을 지키지 못했는데 건강에 적신호가 켜졌다. 그랬기에 나의 소망은 하나로 모아졌다. '사람 일은 알 수 없어서' 라는 말이 나에게는 좋은 일이 일어났을 때

만 적용되기를. 그래서 요양병원에서 지내고 있는 어머니에게 달려가 외칠 수 있기를. 약속을 지켰다고.

- 2022년 2월 말, 김호준

(김호준 님은 2022년 3월에 글로벌경제신문 신춘문예 소설부분에 '차가운 방'이 당선되어 소설가로 등단했습니다.)

초판 1쇄 발행	2022년 6월 15일
지은이	김호준
펴낸이	김세준
편집기획	이평재
디자인	알렙주니 ALEPHJUNIE
펴낸곳	트임9
출판등록	제 2020-000305 호
주소	서울시 마포구 와우산로 38길 19-1(동교동) BB04[트임9]
전화	02-546-1208
이메일	teuim9@naver.com
홈페이지	www.teuim9.com

©2022. 김호준 All rights reserved.

ISBN 979-11-973655-1-5

* 책값은 뒤표지에 표시되어 있습니다. 잘못된 책은 바꿔드립니다.
* 이 책의 전부 또는 일부 내용을 재사용하려면 저작권자와 도서출판 트임9의 사전 동의를 받아야 합니다.